电子商务类专业
创新型人才培养系列教材

第 3 版
★
慕课版

电子商务
文案策划与写作

软文营销 内容营销 创意文案

章萍 成淼 廖敏慧 / 主编

人民邮电出版社
北京

图书在版编目（CIP）数据

电子商务文案策划与写作：软文营销 内容营销 创意文案：慕课版 / 章萍，成淼，廖敏慧主编. -- 3版. -- 北京：人民邮电出版社，2023.1
电子商务类专业创新型人才培养系列教材
ISBN 978-7-115-57481-7

Ⅰ．①电… Ⅱ．①章… ②成… ③廖… Ⅲ．①电子商务－应用文－写作－高等学校－教材 Ⅳ．①F713.36 ②H152.3

中国版本图书馆CIP数据核字(2021)第249137号

内 容 提 要

电子商务文案是基于我国蓬勃发展的电子商务行业而兴起的一个岗位，随着电子商务行业的飞速发展与逐渐完善，社会对电子商务文案人员的需求量越来越大。本书针对电子商务文案这一岗位，从岗位要求入手，详细介绍了电子商务文案认知、电子商务文案写作准备、电子商务文案撰写攻略、展示类电子商务文案写作、品牌类电子商务文案写作、推广类电子商务文案写作、软文类电子商务文案写作等内容。本书内容层层深入，且案例丰富，为读者全方位介绍了电子商务环境下文案策划与写作所需的知识和技能，有助于提高读者的文案策划与写作水平。

本书可作为高等院校、职业院校电子商务专业相关课程的教材，也可供有志于或正在从事电子商务文案相关工作的人员学习和参考。

- ♦ 主　　编　章　萍　成　淼　廖敏慧
  　　责任编辑　侯潇雨
  　　责任印制　王　郁　彭志环
- ♦ 人民邮电出版社出版发行　　北京市丰台区成寿寺路 11 号
  　　邮编　100164　电子邮件　315@ptpress.com.cn
  　　网址　https://www.ptpress.com.cn
  　　北京市艺辉印刷有限公司印刷
- ♦ 开本：787×1092　1/16
  　　印张：14.25　　　　　　　　　　2023 年 1 月第 3 版
  　　字数：310 千字　　　　　　　　2025 年 6 月北京第 7 次印刷

定价：49.80 元

读者服务热线：(010)81055256　印装质量热线：(010)81055316
反盗版热线：(010)81055315

前言

党的二十大报告指出："加快发展数字经济，促进数字经济和实体经济深度融合，打造具有国际竞争力的数字产业集群。"表明未来经济中网络经济、数字经济、电子商务新业态的重要地位和作用。

本书改版全面贯彻党的二十大精神，将二十大精神与实际工作结合起来，立足岗位需求，以社会主义核心价值观为引领，传承中华优秀传统文化，注重立德树人，培养读者自信自强、守正创新、踔厉奋发、勇毅前行的精神，强化读者的社会责任意识和奉献意识，从而全面提高人才自主培养质量，着力造就拔尖创新人才。

近几年，随着时代的进步和消费者需求的变化，电子商务文案的写作方式发生了一定的改变。为了满足市场的需求，同时适应院校电子商务专业相关课程的需要，我们结合当前电子商务文案市场的变化，对《电子商务文案策划与写作：软文营销 内容营销 创意文案（第2版）》的内容进行了全面修订。具体来说，此次修订工作主要集中在以下几个方面。

一是增加了"素养园地"和"巩固与练习"等板块，有利于读者提高素质，同时方便读者检测与巩固自己的学习成果。

二是新增了广告营销策略、视频直播类平台的推广文案写作、软文类电子商务文案写作等内容，帮助读者更全面地掌握电子商务文案写作的方法。

三是基于目前电子商务的发展和岗位需求，重新调整了知识点的整体框架，优化和丰富了上一版内容。

四是增加并更新了案例，选取最新案例作为示例，便于教师教学和读者自学参考。

本书内容

本书设计了7章内容，分别是电子商务文案认知、电子商务文案写作准备、电子商务文案撰写攻略、展示类电子商务文案写作、品牌类电子商务文案写作、推广类电子商务文案写作、软文类电子商务文案写作。每章的具体内容介绍如下。

第1章：主要讲解电子商务文案的内涵、分类、营销效果，以及电子商务文案岗位等内容。

第2章：主要讲解电子商务文案写作准备的工作内容，包括分析市场、熟悉商品、分析目标消费人群、确定广告营销策略等内容。

第3章：主要讲解电子商务文案策划与写作的步骤、电子商务文案写作的基本模式、电子商务文案的标题写作、电子商务文案的正文写作与电子商务文案的视觉呈现等内容。

前言

第4章：主要讲解商品详情页文案写作、商品促销活动文案写作、商品海报文案写作和商品评价回复文案写作等内容。

第5章：主要讲解电子商务品牌文化认知、电子商务品牌文案的写作流程、电子商务品牌文案的写作类型、电子商务品牌文案的写作要素和电子商务品牌文案的写作技巧等内容。

第6章：主要讲解微博推广文案写作、微信推广文案写作、社群推广文案写作、今日头条文案写作、视频直播类平台的推广文案写作等内容。

第7章：主要讲解电子商务软文认知、电子商务软文的写作要求、电子商务软文的写作技巧和电子商务软文写作的注意事项等内容。

本书特色

本书的内容及编写主要有以下几个特点。

1. 知识结构合理

本书针对电子商务行业的文案岗位，循序渐进地介绍电子商务文案所涉及的知识，由浅入深，层层深入。与此同时，本书采用"学习目标＋引导案例＋知识＋实训＋巩固与练习"的体例结构，让读者在学习基础知识的同时，能够模拟实战，从而加强对知识的理解与运用能力。

2. 案例新颖、丰富，实战性强

本书每章的开头以案例导入，并在知识讲解过程中穿插对应的真实案例，这些案例都十分具有代表性，且比较新颖，具有很强的可读性和参考性，可以帮助读者快速理解与掌握文案写作的方法。本书"专家指导"栏目还总结了相关的实战经验、技巧，能帮助读者更好地梳理知识。

3. 教学资源丰富

扫描右侧二维码可观看本书配套的精美慕课视频。此外，本书提供PPT、教案、题库、课程标准等教学资源，用书老师可通过人邮教育社区（http://www.ryjiaoyu.com）获取并使用。

慕课视频

本书的所有案例仅用于电子商务文案相关课程的教学，编者并非要为涉及的企业、品牌做宣传、推广，也不对企业所宣称的产品功效的真实性和安全性负责。为了保持网络文案的原汁原味，编者未修改书中应用的大部分文案的内容，特此说明。

由于作者水平有限，书中难免存在疏漏与不足之处，欢迎广大读者批评指正。

编者

2023年5月

C O N T E N T S   目录

目录

目录

7

第7章
软文类电子商务文案写作·····199

1

电子商务文案认知

学习目标

【知识目标】

| 了解电子商务文案的基础知识。

| 掌握电子商务文案岗位的工作职责和能力要求。

【能力目标】

| 能对电子商务文案有清楚全面的认识。

| 具备电子商务文案岗位所需的职业素质。

【素质目标】

| 提升文化理解、审美与表达等方面的能力，提高写作水平。

| 养成遵纪守法、爱岗敬业的良好品质。

引导案例

　　"6·18"是当前非常流行的网络大型促销购物节，在该购物节期间，许多电子商务平台和品牌会提供商品促销优惠，同时，还会发布宣传推广文案来吸引消费者购物。图1-1所示为特仑苏、天猫精灵、TATA木门等品牌发布的促销海报文案，这些文案是品牌推广商品、宣传活动的有力工具，能激发消费者参与购物节、购买商品的欲望。

图1-1 | 品牌"6·18"促销海报文案

除了这些较为直白的呼吁参与"6·18"的促销海报文案外，闲鱼平台反其道而行之，错峰营销，推出"节后鱼生"文案，如图 1-2 所示，呼吁有需要的消费者通过闲鱼平台售卖不需要的商品。

图1-2 | 闲鱼"节后鱼生"文案

该文案立足于消费者购物节后可能囊中羞涩，急需转卖商品的需求，宣传了闲鱼"一键转卖"的功能，并加深了消费者对闲鱼"快捷转卖""轻松卖闲置"的认知。

文案一经发出，就引发了不少网友的转发与评论，还在网上形成了一些网络新词，如"节后鱼生"，形容过完节后，余额不足，靠闲鱼维生。闲鱼的这一系列文案使"上闲鱼卖了"信息深入人心，大大增强了品牌的影响力，形成了非常好的宣传品牌形象和理念的效果。这些都是电子商务文案发挥的重要作用。除了海报文案，电子商务文案还包括微信文案、微博文案、社群文案、品牌故事文案，以及商品详情页文案，这些文案也在企业或品牌的电子商务活动中发挥着重要作用。

事实上，互联网的快速发展，使得电子商务文案已经深入企业或品牌的电子商务活动，并成为企业营销宣传不可或缺的组成部分。而随着电子商务市场的逐渐完善，电子商务文案在商品销售、企业品牌传播等方面的作用也越来越重要。一名合格的电子商务文案人员不仅需要掌握文案的写作方法，还要了解电子商务环境下文案的相关知识，掌握电子商务文案岗位的具体要求，具备电子商务文案岗位的职业素质。

1.1 电子商务文案的内涵

互联网的快速发展推动着电子商务的不断进步，在这一进程中，电子商务文案应运而生，并逐渐发展成为一个新兴的岗位。电子商务文案基于电子商务平台，在具备传统文案特点的基础上，延伸出更多的特点和功能。

1.1.1 何为电子商务文案

古时，文案指放书的桌子，官衙中起草文书的人或公文案卷等。现在的文案多指公司或企业中从事文字工作的职位，其工作内容主要是用文字来表现已经制定的创意策略、广告信息。而这些内容作品也常被称为文案，因此文案也可以视作一种广告表现形式。随着电子商务的蓬勃发展，服务于电子商务的广告文案也顺势产生，并成为企业或品牌开展营销推广的一种途径。

1. 电子商务文案的含义

传统文案是指广告作品中的所有语言文字，即在大众媒介上刊发出来的广告作品中的所有语言文字。而随着新媒体时代的到来，电子商务文案逐渐发展并基于网络平台传播。这类文案以达成商业目的为写作基础，在网站、微博、微信、短视频和直播平台等交流平台发布，力求达到让消费者信任并产生购买欲望的目的。

电子商务文案不仅包括文字，还包括图片、视频、超链接等网络元素，对消费者来说富有吸引力。图1-3所示为当当网首页的促销广告文案，均以文字和图片为主：上方的文案用"家清/洗护/纸品"等文字指出活动商品，通过"领券立减50元""活动时间：3月23日"等文字突出活动的优惠力度和紧迫感；下方的文案用"百万图书5折封顶""精

004　选好书低至 5.5 元包邮"等文字显示折扣商品种类丰富、价格优惠，再搭配美观的、多品类的商品图片，可以快速让消费者对活动商品产生直观印象，刺激消费者浏览活动页面，增加商品曝光机会并促进消费。图 1-4 所示为淘宝 App"逛逛"界面的内容，这些内容就是商品推广文案，而且这些文案都附有商品链接，若有消费者对文案内容感兴趣并点击查看，就有可能促进商品销售。

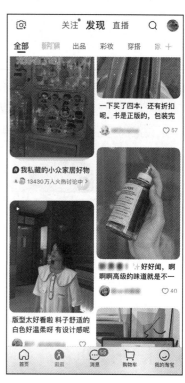

图1-3 | 当当网首页的促销广告文案　　　　　　图1-4 | 淘宝App"逛逛"界面

　　根据图 1-3 和图 1-4 可知，电子商务文案的作用主要是营销推广，它对电子商务文案人员的文字功底与创意能力有较高要求。电子商务文案人员不仅要掌握广告切入的时机与角度，还要与消费者沟通，通过文案所展示的内容说服消费者，刺激消费者产生购买欲望。

　　电子商务文案服务于电子商务领域，不管是文案主题表达，还是具体的商品信息传播，都是为了促进交易的产生和完成。电子商务文案通常采用环环相扣的表达方式来串联内容，不同的环节有不同的侧重点，每一部分文案表达不同的内容，让消费者逐渐对商品形成较为全面的认识，进而产生购买欲望。

　　基于网络的特点，电子商务文案用语更加自由，可以第一时间使用网络中流行的新词、热词来吸引消费者的关注，或者使用谐音词来增强文案内容的趣味性，如引导案例中的"节后鱼生"。图 1-5 所示为高德地图展示其打车性价比的推广文案，其将"显而易见"中的"而"替换为谐音字"鹅"，将"瞄一眼"替换为"喵一眼"，大大提升了文案的趣味性，人们会不自觉地记住高德地图想要传达的"低价"特点。

图1-5 | 高德地图推广文案

2. 电子商务文案与传统文案的区别

传统文案以报纸、杂志和直接邮寄的广告等为载体，具有一定的局限性，只能通过文章或图文并茂的形式进行静态宣传；而电子商务文案拥有更加丰富的表现形式和传播途径，这提高了文案的使用价值，使文案成为一种低成本、高效能的营销模式。但传统文案也有电子商务文案所不能达到的一些效果，总的来说，两者之间的不同之处主要有以下几点。

- 传统文案基于纸质媒介，对文章的质量和语言有较高的要求，具有较高的可信度；电子商务文案基于网络媒介，用语较自由，在编校上并不都如传统文案严格，且写作质量良莠不齐。
- 传统文案的布局较为正式，一般采用文章的正式写法，有头有尾、徐徐道来；电子商务文案布局较为随意，注重文案的整体美观效果，更具有设计感。
- 传统文案的发布耗时长且门槛高；电子商务文案发布及时且门槛低。
- 传统文案主要作用于广告和新闻；电子商务文案贯穿整个网络平台，作用范围更加广泛。
- 传统文案不宜转载，传播力度弱；电子商务文案能够被广大消费者查看，且容易被传播和讨论。
- 传统文案以纸质媒介为主，是静态的；电子商务文案以网络媒体为主，是动态的。
- 传统文案因发行频率和范围的局限性，收藏保存不便；电子商务文案可以存储在数据库或计算机中，可大量收藏保存。
- 传统文案的投放渠道系统有一定规模，读者较为固定且忠诚度高；电子商务文案的投放渠道呈散状，读者忠诚度较低。

相比较而言，电子商务文案在传统文案的基础上，具有更强的层次性、时尚性、交互性和延伸性，它是一种在传统文案基础上衍生出来的新型广告文案，更注重电子商务文案人员创作思路的创新性，并且更符合当下消费者的生活和消费习惯。

1.1.2 电子商务文案的发展现状

电子商务文案的发展建立在电子商务活动的繁荣发展之上。随着淘宝、京东等电子商

006 务平台的建立，传统商业受到了巨大的冲击，越来越多的企业与品牌进入电子商务市场争夺消费者，而电子商务文案作为电子商务时代的一种新型广告方式，也逐渐形成规模，并成为企业和品牌竞争的有力武器。

电子商务文案大都基于电子商务行业平台，以文字为元素，以吸引消费者为目的，通过辅助视觉设计，紧抓消费者眼球，以赚取点击率、流量，吸引消费者购买商品，并塑造品牌形象。除了商品详情页文案外，早期的许多电子商务文案多为软文，发布于各个论坛和门户网站。例如，电子商务文案伪装成新闻，宣传某个商品或品牌，其标题多充满悬念，让消费者因好奇而点击观看。随着消费者网购习惯的养成，市面上出现大量电子商务文案，消费者可以在淘宝、微信、微博、知乎、今日头条等平台中看到许多文案，但其质量良莠不齐。消费者对营销语的"免疫力"逐步增强，其中打动人的、有趣的、有价值的高质量文案则获得了广大消费者的认可，并取得了良好的营销推广效果。另外，各种充满创意的、个性化的、抓住消费者需求的文案也更容易获得消费者的青睐。

在短视频和直播兴起之后，电子商务文案的类型变得更加多样化，形式也越来越丰富，许多短视频广告文案因创意独特而受到消费者喜爱。图1-6所示为一则推广某品牌香水的创意短视频截图。在故事开头，时尚杂志社的众人因新一期杂志封面而争论，当迟来的女生拿着取来的衣服走近时，主编和其他人闻到了熟悉的香味，然后大家一起追忆往昔，想起了主编创办杂志以来的一路坚持。故事以一句"之前迷路了，现在回来了"结尾，主编露出了和之前一样的笑容，杂志封面也成了杂志社众人。该短视频只有2分38秒，虽然视频简短，文案简约，但立意深远，围绕某品牌香水，通过杂志社众人之间的对话，揭示"我与世界 自有相逢"，反映出该品牌"寻找自我 踏出无界"的主张。

随着互联网广告环境的规范化，企业和品牌的文案创作也更加符合社会主义核心价值观，人们对文案传递的价值观的要求也更加严格。例如，在该短视频中，其女性角色身上的"坚持"特质，也契合时下的女性形象，并传达出品牌本身的价值观。现在的电子商务文案，除了开门见山地以活动、优惠示人外，还以创意、题材、思想深度等取胜，这意味着电子商务文案人员应注重人文素养的培养，提高思维水平和创造水平，增加文案的深度，以达到更好的传播效果。

素养园地

文案的质量将直接影响商品的销量，因此，电子商务文案人员应具备较高的文案创作水平。现在的消费者对文案写作质量的要求较高，这意味着电子商务文案人员需要不断提高自身的人文素养，如主动了解图片、视频的文化内涵与视觉效果等，并具备发现问题、解决问题、发现美和传达美的综合能力，切实提高文案写作能力。

图 1-6 ｜ 某品牌创意短视频截图

1.2　电子商务文案的分类

　　电子商务文案种类繁多，不同的文案适用于不同的情景，所达到的效果也大不相同。根据内容和用途的不同，电子商务文案可以分为展示类电子商务文案、品牌类电子商务文案、推广类电子商务文案和软文类电子商务文案 4 类。

1.2.1 展示类电子商务文案

展示类电子商务文案或是用于详细描述商品信息，或是用于传递商品的某种关键信息，以促进商品销售。商品详情页文案、商品促销活动文案、商品海报文案和商品评价回复文案等，都属于展示类电子商务文案的范畴。

- **商品详情页文案** ｜商品详情页文案是消费者在电子商务平台中购买商品时的重要参考，文案内容通常涵盖了商品的方方面面，全方位展示了商品信息。图1-7所示为某品牌帆布鞋的部分详情页文案，其包含了多方面的商品信息。

图1-7｜商品详情页文案

- **商品促销活动文案** ｜商品促销活动文案为商家的商品促销活动服务，以刺激消费者产生购买商品的欲望，文案常以口号的形式号召消费者参与购物，因此，用语相对简洁，内容简短，以商品卖点、优惠价格、促销力度等内容为主。图1-8所示为某品牌电器网店的商品上新促销活动文案，其简单介绍了商品的特点，并展示了促销活动力度。

图1-8｜商品促销活动文案

- **商品海报文案** ｜商品海报文案主要与商品本身相关，文案内容以商品的特点与功能为主，且语言简洁。图1-9所示为某消毒刀筷架的海报文案，其简明扼要地展示了商品的主要卖点。

图1-9 | 商品海报文案

- **商品评价回复文案** | 商品评价回复文案是商家在评论区对消费者评论内容的回复，其内容包括对消费者评价的解释、感谢，以及引导购买等，主要展示商品及网店的优势，以吸引消费者消费。图1-10所示为商品评价回复文案示例。

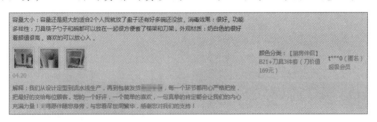

图1-10 | 商品评价回复文案示例

1.2.2 品牌类电子商务文案

品牌类电子商务文案是为品牌服务的，以树立良好的品牌形象、提升品牌美誉度等为目的的文案类型。其以品牌故事文案为典型，该类文案常出现在品牌网店的品牌故事专栏中，或者位于商品详情页文案的后半部分，又或者作为营销推广软文或品牌营销视频脚本被广泛传播，用于展示品牌的实力与品质。

品牌故事文案的重点是"故事"，即塑造一个具有感染力的故事，让消费者融入故事情节中，打动消费者，使其认可并信任品牌。品牌故事文案可以将比较具有代表性的事件、品牌领导人、品牌来历等作为切入点，这样更容易触动消费者，便于消费者记忆和传播。在撰写品牌故事文案时要写清楚故事发生的时间、地点、人物，事件的起因、经过和结果，要在故事的发展中融入品牌的来历、理念、价值等信息，这样才能通过故事来提高品牌的知名度、增强品牌的影响力。

图1-11所示为某家庭制品品牌官网的品牌故事文案示例，该品牌主打高真空系列商品，如保温杯等，该文案通过讲述品牌的由来与发展，体现了商品的受欢迎程度，以及品牌不断推陈出新、带给人们美好生活的品牌理念，深刻展现了品牌实力，有利于在消费者心中树立良好的品牌印象。

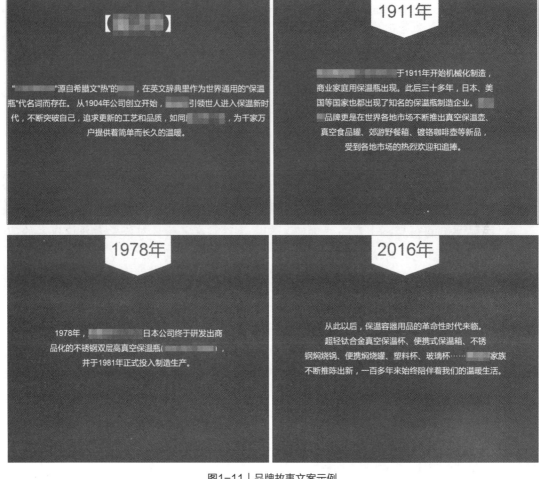

图1-11 | 品牌故事文案示例

1.2.3 推广类电子商务文案

推广类电子商务文案服务于整个网络平台，为了推广并宣传商品、品牌或服务。商家可以通过各种网络渠道（如目前较为主流的有微博、微信、资讯类网站和社群）进行宣传，相应地，电子商务文案人员就要在这些平台写作并发布有关商品、品牌或服务的推广文案。因此，推广类电子商务文案涉及范围非常广泛，微博推广文案、微信推广文案、社群推广文案、今日头条推广文案、视频平台推广文案和直播平台推广文案等都可以视作推广类电子商务文案。

虽然不同平台中文案的写作方法和表现形式有所不同，但相同的是，这些文案都是通过具有吸引力的内容来吸引消费者，在无形中将商品的特性、功能或品牌态度展示给消费者，激发他们的购买欲。有些推广类电子商务文案通过借助热点，如最近的热门事件、节日等，将商品、品牌与热点结合起来，吸引消费者关注，并加深品牌在消费者心中的印象。

图 1-12 所示为两则推广类电子商务文案。在高考来临之际，电子商务文案人员借助人们对该热点事件的关注，将商品、品牌与热点融合起来，借用热点来宣传商品和品牌，达到了较好的宣传推广效果。借用热点是推广类电子商务文案常用的一种写作方法。

图1-12 | 推广类电子商务文案

素养园地

　　七夕节是我国民间的传统节日，又称为乞巧节、女儿节、七巧节等。该节日与我国的自然天象探索和传说故事有关。七夕被认为是编织云彩、管纺织，保护妇女、儿童的"女神"——"七姐"（织女星）的诞辰，因此七夕也有祈福，乞求巧艺、姻缘之意。同时，七夕还与被银河隔开的"牛宿星"和"织女星"有关，古时人民因联系到当时男耕女织的分工，所以将这两个星宿分别称为牛郎、织女。民间传说中，被王母拆散的牛郎和织女于每年的七月初七在天上的鹊桥相会，因此，农历七月初七被叫作七夕节，并成了我国象征爱情的节日。现在，七夕节已被列入国家级非物质文化遗产名录。在文案创作过程中，文案人员在"蹭"相关文化热点的同时，也要在商业经营活动中参与文化传承，为弘扬中华传统文化贡献力量。

1.2.4 软文类电子商务文案

软文是相对于硬广告而言的一种概念，是一种不直白的广告表达方式。软文类电子商务文案强调的是写作时完美结合内容与广告，让消费者沉浸在阅读文章的过程中，并在不知不觉中达到广告宣传的目的。这类文案注重对消费者观念和消费行为进行潜移默化的影响。常见的软文有商品评测、有利于提升企业或品牌的形象和知名度的新闻报道，以及与企业有关的深度专访、案例分析、阐述解说类文章等。图1-13所示为某企业的活动与资讯专栏，其中的文章都是软文，对提升企业形象、宣传企业品牌有较大的价值。

图1-13 | 软文类电子商务文案

又如，为某城市居民提供便民生活资讯的微信公众号，在春天来临之际，发布了一篇盘点赏樱花地点的文章，如图1-14所示，文末引出了一个打车软件的优惠活动，以引导消费者阅读完后点击"阅读原文"超链接跳转领券，这对该打车软件有推广效果。

图1-14 | 微信推广软文

1.3 电子商务文案的营销效果

在新消费时代的背景下，消费者对商品的需求越发多元化，商品除了要满足消费者实际需求以外，更要满足其潜在的心理需求。如何巧妙地抓住消费者心理，用较低的成本使消费者产生共鸣，挖掘并满足消费者的潜在心理需求，成为摆在众多商家面前的一道难题。而电子商务文案的出现，很好地解决了这些问题。电子商务文案不仅可以展现商家的文化和商品，还能很好地激发消费者需求，吸引消费者购买。

1.3.1 增进信任，促进销售

很多电子商务文案是一种带有销售性质的文案，其主要目的是让消费者信任文案中所描述的商品并产生购买的欲望。因此，电子商务文案也可以看作是一种销售促进工具。销售基于信任，而文案恰恰能够增进消费者对商家的信任，如详细的商品信息展示、第三方评价、权威机构认证等都是很有说服力的文案。

此外，电子商务文案人员还可以多揣摩消费者的心理，从多方面出发，做到晓之以理、动之以情，激发消费者关注潜在需求，引发消费者情感上的共鸣，促使消费者信任商品并产生购买欲望。图1-15所示为某洗发商品的详情页文案，该文案从消费者关注的问题——去屑去油出发，不仅能引发消费者对头皮问题的共鸣，增强消费者信任，还有利于激发消费者的购买欲望。

图1-15 | 某洗发商品的详情页文案

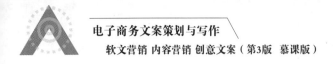
014

1.3.2 整合互动，宣传推广

电子商务文案基于网络平台存在，消费者只要具备上网的条件就可以在网上看到它。商家可以在网页、邮件、微博、论坛、QQ、微信等平台发布推广与宣传文案，扩大文案的作用范围，进行推广与整合营销。同时，商家能及时获得消费者的意见与回复，增加彼此之间的互动，形成讨论与话题。如果互动的范围较大、讨论的话题热度较高，就能产生很好的宣传与营销作用，起到事半功倍的效果。

例如，某博主兼品牌创始人在发布宣传茶叶商品的视频时，先以文字的形式引入，介绍了本次视频的主题，并添加了3个话题，让网友针对自己感兴趣的话题转发讨论，再在评论中以抽奖的形式吸引更多的网友参与互动。图1-16所示为该文案内容与评论区，可以看出，该文案的转发、评论和点赞数都非常可观。同时，博主也在评论区积极回复留言，加强了与粉丝之间的联系。整个文案起到了非常显著的宣传推广作用。

图1-16 | 文案的整合与互动

专家指导

文案如同自我表达，表达能力强的人可以很好地吸引他人的注意，不善于表达的人则可能无人问津。因此要想文案起到良好的整合与互动作用，电子商务文案人员要有较强的文字表达能力，以吸引消费者讨论和互动。

1.3.3 树立品牌，积累资产

随着市场竞争的日益激烈，消费者越来越容易受到品牌的影响进而选择购买商品，因此树立品牌也越来越受到商家的重视。一般来说，品牌资产包括品牌认知、品牌形象、品牌联想、品牌忠诚度和品牌其他资产。

- 品牌认知即品牌的知名度，是指消费者对该品牌的内涵、个性等的了解程度。
- 品牌形象是指消费者对某一品牌商品的总体质量感受或在品质上的整体印象。
- 品牌联想指消费者对品牌或商品的联想，包括对与商品有关的属性定义或服务功能的联想，或对有关商品或服务的购买或消费的外在联想。
- 品牌忠诚度指消费者在购买决策中，多次表现出来的对某个品牌有偏向性的行为反应，它是一种行为过程，也是一种心理（决策和评估）过程。
- 品牌其他资产包括商标、专利、渠道关系等，即品牌拥有的登记商标、专利等知识产权，以及品牌拥有的可带来经济利益的资源，如客户资源、销售渠道、物流建设、线下体验店等。

　　文案可以将品牌形象、理念等，以形象生动的文字表达出来，让消费者了解品牌的形成过程、品牌所倡导的文化精神、品牌所代表的意义等。同时，企业通过文案树立与提升品牌的形象，可以增加消费者对品牌的好感和信任。长此以往，企业就可以逐渐提升品牌美誉度和质量可信度，增强品牌的市场竞争力。

　　例如，自然堂在哔哩哔哩（以下简称"B站"）建立了一个"支流大学"，与年轻人对话，旨在认可与鼓励每个年轻人美出自己的不同，并表达出自然堂相信"你的不同很美"的态度。这与自然堂"你本来就很美"的品牌主张相呼应，有利于深化外界对于品牌"自然自信美"的形象认知。

　　同时，自然堂联合B站5个知名博主发布支流大学"开学"视频广告，视频中，女孩们不再循规蹈矩地着装，而是按照自己的意愿化个性妆容、穿蓬蓬裙、戴假发，鼓励年轻人不随波逐流，同时表达反对刻板偏见的态度。该视频体现了品牌将以更包容、更具开放性的态度接纳年轻人的多元化，这种引发消费产生共鸣、将品牌诉求与年轻人生活相结合的视频拉近了品牌与消费者的距离，提升了品牌在消费者心目中的形象，有助于品牌资产的积累。

　　该视频文案的部分内容如下。

真的，只能这样继续下去吗？
还是，当我们再一次面对自己，
世界会开始有些不同。
那条百米开外就被瞩目的蓬蓬裙，
那顶戴出门就会引发围观的假发……
…………
不是每一个人，
都要活成世界所规定的样子。
不是每一滴水，
都要流向江河湖海。
做支流，不逐流。

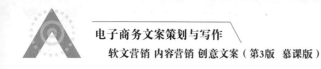
1.4 电子商务文案岗位

　　电子商务文案人员的工作能力与职业素养决定着文案优秀与否。一个优秀的电子商务文案人员不仅可以写出有吸引力的文案，引起消费者的共鸣，还能够配合企业其他部门推广与宣传商品或服务。

1.4.1 电子商务文案岗位的工作职责

　　电子商务文案岗位的工作内容主要包括为企业的商品、广告宣传等进行相应的文案撰写，还包括各种品牌推广、活动策划、平面设计、新媒体运营、美工设计和美术指导等与电子商务的宣传、推广、营销相关的活动。要成为一名合格的电子商务文案人员，需要先了解其岗位职责。电子商务文案岗位的工作职责主要包括以下几项。

- 根据企业或品牌的定位及商品风格，对商品进行创意思考及文案策划。
- 分析市场上的同类竞争品牌和消费者心理，撰写品牌文案，提升企业或品牌形象。
- 挖掘商品卖点，跟进热点，编写能突出商品特点、展现商品价值、使消费者产生强烈购买欲的商品描述。
- 撰写商品详情页文案、商品海报文案、品牌宣传文案等各类营销文案或软文。
- 协助企业推广团队策划和撰写推广方案。
- 熟练掌握和运用各种新媒体营销推广渠道进行文案的撰写和发布。
- 跟进商品和品牌，通过输出优质文案提高品牌知名度。

1.4.2 电子商务文案岗位的能力要求

一名合格的电子商务文案人员需要拥有能够胜任该岗位的基本能力。电子商务文案岗位的能力要求主要包括以下几项。

- 要有协调与合作能力。文案写作涉及的范围较广，电子商务文案人员需要与各部门的工作人员进行多方协调与沟通，因而要具备良好的团队合作能力。
- 要有敏锐的市场洞察力，具备能够快速并准确地捕捉商品亮点，对消费者进行深入分析的能力。
- 要有扎实的文字功底，具备优秀的文案资料搜集、整理、组织和编辑的能力。写作语言要流畅，能打动目标群体。
- 要思维活跃、有创意，能从多角度去看待事物，找到事物不同的切入点。
- 要有高度的责任感，具备爱岗敬业、诚实守信的工作作风和严谨踏实的工作态度。

除此之外，电子商务文案岗位还有学历和专业要求，一般需专科或本科以上学历，并倾向于选择广告、新闻、中文、市场营销等专业的就业者，有些岗位还可能要求有电子商务文案策划经验。有些岗位还要求就业者了解某领域，如服装、美妆、数码等领域。但电子商务文案的灵活性很大，若在学历或工作年限等方面有所不足，但是个人拥有扎实的文字功底或是对某行业有独到见解，是一个会创新、有创意的人，也可尝试竞聘，企业也可能放宽录用标准。

专家指导

电子商务文案的岗位职责描述中几乎都有提升企业或品牌形象、推广商品的要求。此外，许多企业也有短视频文案岗位的招聘需求。短视频文案也属于电子商务文案的范畴，短视频文案岗位需求量大，可见电子商务文案的发展前景目前仍十分乐观。

1.4.3 电子商务文案岗位的职业目标

电子商务文案人员要实现职业目标，就要培养自己的职业能力与职业素养，电子商务文案人员的职业能力与职业素养对文案的质量起着决定性作用。只有具备文案创作相关的各种知识与能力，才能更好地应对文案岗位工作中的各种问题，写出优秀的、符合消费者需求的文案。

1. 知识目标

电子商务文案人员需要大量的知识储备，具体如下。

- 注重积累，博览群书，学习他人的文章、创意，积累经验。

- 了解行业知识及具体的商品特性、功能等，使文案更具针对性。
- 了解消费者的消费心理与行为，让文案更具沟通性。
- 学习传播学知识，让文案更具传播性。
- 掌握电子商务文案的含义、特点与写作基本要求。
- 掌握电子商务文案的标题写作原则、文章切入技巧。
- 明确电子商务文案的写作禁忌与误区。

2. 能力目标

要从事电子商务文案工作，电子商务文案人员至少应具备以下几种能力。

- **写作能力** | 电子商务文案人员需要掌握文案的语法、逻辑等基本写作知识；能把控文章语言风格；能灵活写作文章具体内容，即根据文案类型的不同进行不同的描述；具备文案写作的技巧，善用图片（包括动态图片）、音乐、视频、超链接等元素。
- **软件操作能力** | 电子商务文案人员除了应具备写作能力外，还需具备基本的软件操作能力。一些企业是让电子商务文案人员同时承担文案的写作与排版设计的，所以电子商务文案人员应掌握Photoshop、InDesign、Office等软件的操作方法。
- **审美能力** | 电子商务文案人员只有具备欣赏美的能力，才能写出让消费者觉得美的文案。对美的把握可从这些方面入手：文字排版（如版式的整体风格、字体、字号、颜色、字间距、行间距等）、图文搭配、版面整洁度等。

专家指导

电子商务文案人员可通过解析优秀文章来提高审美能力，在观摩优秀文章时，可以分析其排版及文字是否具有美感，包括每段、每行、每句甚至是标点符号等细节的设计。切记板块、颜色不要太多，保证文章整体的简洁。

- **分析能力** | 电子商务文案人员需要分析的内容有：对公司、品牌定位和风格的分析，对商品投放的市场、面对的目标群体及其需求和消费心理的分析，对投放渠道及消费者反馈的分析。通过数据分析，电子商务文案人员能快速厘清文案层次，使文案有理有据，具有针对性。较强的分析能力能帮助电子商务文案人员抓住商品的核心卖点，写出直击消费者痛点、转化率高的文案。
- **学习能力** | 文案的写作是一个不断积累与学习的过程，学习能力强的人能在面对新事物时，取其精华，去其糟粕，更快地吸收新知识，将学到的知识转化为自己所需要的能力，并在此基础上推陈出新，创作出优秀的文案。
- **创新能力** | 在市场中，新颖、有创意的文案内容可以使文案不落俗套，容易引起消费者的注意，获得消费者的青睐。同时，创新能力强还意味着电子商务文案人员可以适应时代发展的变化，让创作的文案始终保持竞争优势。因此，电子商务

文案人员还要注意培养创新能力。

3. 理念目标

写作文案时，电子商务文案人员应持有理念目标，这样才能为文案树立一个整体的大局观，具体内容如下。

- 树立积极正面的营销意识和行业竞争观，为文案写作指明方向与提供动力。
- 培养创新思维、创新意识和创新能力，形成以创新为立足点的文案策划与写作观。
- 形成系统、完整、条理清晰的商品推广理念。
- 具备良好的专业素质，以胜任文案写作工作。

素养园地

若要从事电子商务文案工作，电子商务文案人员还应有专业的职业素养，遵守相应的行为规范。例如，树立爱岗、敬业、开放的职业价值观，主动学习、掌握职业知识技能，有意识地培养独立性、责任心，敢于面对和战胜挫折，遵守与广告宣传相关的法律法规等，这能帮助电子商务文案人员更好地应对求职道路和职业道路上的挑战。

1.5　本章实训

实训背景

体育强则中国强，建设体育大国和体育强国是我国人民实现"两个一百年"奋斗目标的重要组成部分，而体育精神——由体育孕育出来的意识形态，成了激励人奋进、激扬人自信的重要力量，引领一代代年轻人奏响了一路奋进的时代强音。小米是一名广告专业的学生，从小对体育感兴趣，虽然没有成为运动员为国争光的实力，却想从事体育方面的广告工作，在专业对口的同时，可以在自己感兴趣的领域发展。小米进入了一家生产、销售运动鞋包、服饰等运动装备的公司实习，负责协助写作推广类文案，为了提高文案写作能力，小米打算寻找并赏析一些体育品牌的优秀文案，学习其特点和写作技巧，同时了解文案岗位的职业要求，为未来的职业发展做准备。

1.5.1　赏析运动品牌的推广类文案

品牌会发布许多推广类文案，用以推广新品，宣传商品、品牌或服务等。小米打算挑选一个运动品牌，在其惯常发布文案的平台搜索并赏析该品牌的推广类文案。

1. 实训要求

（1）选择一个值得学习的运动品牌。

（2）学会赏析优秀的推广类文案。

2. 实训准备

在选择品牌时，小米首先在网上搜索了运动品牌排行榜和我国市场运动品牌价值排行榜，发现排行榜中靠前的品牌有安踏、李宁、匹克、特步、361°、鸿星尔克等，小米打算从中选择与自身定位相符的品牌，然后在微博搜索其官方账号，查看该品牌在微博发布的推广类文案，选择一些不错的文案来进行赏析。由于现在许多推广类文案是以海报或视频的形式来呈现的，所以小米打算分析其海报或视频的设计。例如，图片或画面的选择与设计如何，文字内容如何，体现了怎样的主题，以及该文案如何达到推广的目的等，意在从中学习推广类文案的写作技巧。

3. 实训步骤

赏析运动品牌推广类文案的操作思路如下。

（1）选择一个运动品牌。我国专注于体育事业的品牌有许多，结合本品牌的网店和商品定位，小米从中选择了与本品牌相似的"安踏"品牌作为参考。打开微博，搜索并查看"安踏"官方微博账号的内容，可以看出其账号发布了许多文案，如图1-17所示。

图1-17｜浏览微博文案

（2）查看品牌推广文案。图1-18所示为安踏发布的一篇推广类文案，该文案由文字和海报组成。

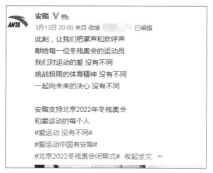
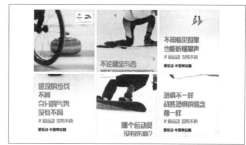

图1-18｜推广类文案示例

（3）赏析文案。从微博内容来看，该文案以残奥会为主题。2022年3月13日正是第13届冬季残疾人奥林匹克运动会的闭幕日，而安踏执着于为体育事业提供有力支持，

022 同时也致力于传达与弘扬体育精神，残奥会上运动员们热爱运动、奋力拼搏的精神不仅是人们学习的典范，还是安踏等运动品牌所提倡与赞扬的精神。因此，安踏借此届残奥会闭幕的时机，传达了其对于运动的看法。在该文案中，安踏选择运动员在赛场上的英勇身姿作为海报背景，运用代表冠军的金色色系字体，从残奥会运动员赢的姿态、不放弃的精神、夺分的气势、战胜恐惧的信念等不同方面，表达了品牌对这些奥运健儿坚强意志、顽强拼搏、挑战极限等精神的高度赞扬。通过"爱运动 没有不同"的主题，安踏传达了支持奥运和爱运动的品牌态度，同时，通过"爱运动 中国有安踏"体现其支持运动的坚决态度，并彰显自己民族体育品牌的地位。另外，安踏还将文案主题作为微博话题，据统计，截至2022年3月底，"爱运动 中国有安踏"话题阅读次数达23.8亿次，讨论次数达353.8万次，在品牌形象树立和品牌理念宣传上取得了非常好的推广效果。

（4）赏析品牌其他文案并总结。通过对这些内容的分析，小米发现推广类文案应强调所推广对象的特性，且该特性需要醒目，要能引起消费者的关注，可以借助热点，将其与品牌相结合，这样可以达到事半功倍的效果。

1.5.2　认识电子商务文案岗位职责

小米发现自己在工作中还有许多不足之处，未来他打算继续从事电子商务文案岗位，因此他需要了解电子商务文案的职责范畴和需求前景，这样才能更好地制订学习方案并规划未来计划。他计划在搜索引擎中搜索招聘网站，并在网站中搜索电子商务文案相关的工作岗位，查看其任职要求和需要具备的职业素质。

1. 实训要求

（1）通过招聘网站了解电子商务文案相关的岗位。

（2）在招聘网站中查看电子商务文案岗位的工作内容和相关要求。

2. 实训准备

招聘网站中有许多关于电子商务文案岗位的信息，包括具体岗位的名称、岗位职责、任职要求等。小米打算了解这些信息后，根据相应内容来评判自己的个人能力，后期制订计划以提高个人的职业能力。在搜索信息时，小米计划选择不同的关键词或组合关键词，尽量全面地搜索自己想了解的信息，并通过信息的综合对比找出具有阅读价值的信息，以保证所搜索信息的真实客观性。

3. 实训步骤

认识电子商务文案岗位职责的操作思路如下。

（1）在招聘网站中搜索岗位。常见的招聘网站包括智联招聘、前程无忧、BOSS直聘等。在不同的招聘网站上，发布相同岗位的企业及其岗位要求等也有所不同。小米打算先查看前程无忧招聘网站中的招聘信息。首先打开搜索引擎，在搜索文本框中输入"前程无忧"，如图1-19所示，在搜索结果页单击相关链接，进入前程无忧官网首页，如图1-20所示。在网站内的搜索文本框中输入"文案"或"电商文案"，此时将出现相关的岗位信息。

（2）查看电子商务文案岗位的岗位职责和任职要求。在"电商文案"搜索结果中选择一个查看，浏览关于电子商务文案岗位的岗位职责和任职要求，如图1-21所示；也可再输入关键词"文案"，对比分析搜索结果，可以看出文案岗位几乎都涉及电子商务，其具体岗位职责与任职要求也是想要从事电子商务文案岗位的人需要了解的。浏览本网站相似岗位和其他招聘网站的文案岗位后，小米对电子商务文案岗位的工作内容有了较为全面的认识。

图1-19｜在搜索引擎中搜索招聘网站

图1-20｜前程无忧官网首页

图1-21｜电子商务文案岗位的岗位职责和任职要求

巩固与练习

1. 选择题

（1）下列选项中，不属于电子商务文案的是（　　）。

    A. 展示类电子商务文案　　　　　　B. 视频类电子商务文案

    C. 推广类电子商务文案　　　　　　D. 软文类电子商务文案

（2）以下不属于展示类电子商务文案的是（　　）。

    A. 商品详情页文案　　　　　　　　B. 商品海报文案

    C. 商品促销活动文案　　　　　　　D. 营销软文

（3）图1-22所示的文案能发挥电子商务文案的（　　）营销效果。

    A. 增进信任，促进销售　　　　　　B. 以情动人，拉近距离

    C. 整合互动，宣传推广　　　　　　D. 树立品牌，积累资产

图1-22｜商品海报文案

（4）[多选]电子商务文案人员的职业目标包括（　　）。

    A. 知识目标　　　　　　　　　　　B. 能力目标

    C. 技能目标　　　　　　　　　　　D. 理念目标

2. 简答题

（1）什么是电子商务文案？

（2）电子商务文案岗位的工作职责主要包括哪些？

3. 材料题

蜀绣又称为川绣，是以四川成都为中心的刺绣品的总称，指在丝绸或其他织物上采用蚕丝线绣出花纹图案的我国传统工艺。它不仅是我国四大名绣（苏绣、蜀绣、湘绣、粤绣）之一，还是非物质文化遗产。蜀绣是一种刺绣工艺——我国民间古老的工艺之一。

小文家乡的残联开设了蜀绣班，面向辖区内的特殊人群和下岗再就业工人等推出了蜀绣课程，他们产出的作品也会放在集市摊上销售。由于蜀绣班渐渐培养出不少优秀的艺人，且蜀绣作品多，有帽子、围巾、衣服等商品，所以，打开商品销量成为关键。蜀绣班的杰出学员打算开设网店，在网上宣传商品并接受预订，小文作为为社区服务的大学生，在提供帮助的过程中燃起了从事文案工作的兴趣。为此，小文打算通过确定职业目标来提高职业素养。假设你是小文，你会在知识、能力、理念方面树立怎样的目标？请结合本章内容完成表1-1的填写。

表1-1 职业目标设计

知识目标	能力目标	理念目标

2

电子商务
文案写作准备

学习目标

【知识目标】

| 掌握市场调研和市场分析的方法。

| 了解商品的分类、属性、市场定位、卖点等内容。

| 了解分析目标消费人群的方法。

| 掌握确定广告营销策略的方法。

【能力目标】

| 能够抓住商品卖点和消费者的购买心理。

| 能够制定合适的广告营销策略来配合文案的发布。

【素质目标】

| 树立合法采集、保管和使用消费者数据的观念。

| 注意社会影响，树立正面、积极的形象。

引导案例

移动互联网的普及、短视频和直播的兴盛极大地推动了电子商务的发展。在此背景下，许多传统企业开始布局电子商务，促进企业的升级转型，这也为企业的发展带来更多机遇。此外，市场上也有许多新兴品牌在互联网背景下发展起来，借助电子商务平台，打开市场，获得消费者的喜爱，并成功挤占大品牌的市场份额，如火鸡电器。

火鸡电器成立于2018年，是消毒小家电品牌。其CEO王强多年来一直从事家电行业，他发现，我国是一个美食大国，有非常丰富的菜系和复杂的烹饪工艺，但在厨房方面，消费者日常的刀架体验并不好。虽然国内有许多家用电器品牌，但这个问题无人解决。基于"从餐厨开始守卫大家的健康，帮助消费者在不改变下厨习惯的同时，拥有更好的体验和卫生"的初衷，王强创立了火鸡电器。

考虑到消费者对健康的需求强烈，外观、功能逐渐成为品牌溢价的利器，火鸡电器切入市场的首款商品——智能消毒刀架由此诞生。该款智能消毒刀架集合了专利紫外线杀菌、内部高温式双重杀菌、360°烘干、定时自动除菌等，可有效降低筷子和刀架内部的发霉概率，长效抑菌。

在刚进入市场时，王强依托老板电器线下门店，请专业代运营公司布局电子商务，但效果并不好。2019年，社交电子商务兴起之后，火鸡电器开始在社交电子商务平台卖货。后来，短视频和直播电子商务蓬勃发展，火鸡电器便在抖音寻找达人推广本品牌商品，从消费场景入手展示商品优势，果然其月销量突破百万台。之后，品牌通过布局直播电子商务，与各平台热门主播合作。火鸡电器的商品销量越来越高，甚至一场直播就能卖出上万台、销售额突破千万元。在2020年"双十一"期间，火鸡电器排在天猫餐具消毒机类目TOP1的位置，成为小家电行业当之无愧的黑马。图2-1所示为火鸡电器天猫旗舰店首页，其中的文案符合"消毒"的定位。

图2-1｜火鸡电器天猫旗舰店首页

事实上，火鸡电器的走红，在于其抓住了市场趋势。由于火鸡电器开发的智能消毒刀架在市场中很少见，且刀架作为厨房配套常见又不受重视，很少单独销售，所以市场空间足够大。同时，火鸡电器精准地抓住了消费者，尤其是南方消费者的痛点，解决了梅雨天木质餐具易滋生霉菌的问题。另外，其定位符合当前年轻人的生活方式，目前我国的家电消费正在由"客厅经济"转向"厨房经济"，年轻人对厨房小家电需求增多，并越来越追求健康、便捷。为了迎合这类消费群体的需求，火鸡电器的文案就注重展示商品的"智能消毒"功能，展现品牌的技术优势和实力，并通过品牌简介展现品牌理念，如图2-2所示。

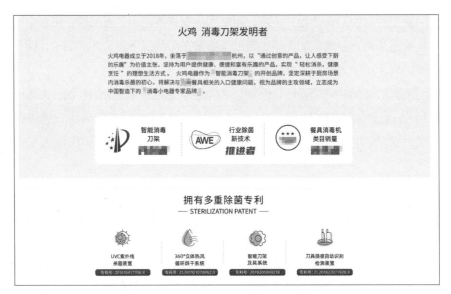

图2-2 | 展现品牌实力和品牌理念的文案

火鸡电器的宣传文案建立在对市场、商品和消费者的分析上。了解火鸡电器的成长经历也可以发现，要写好文案，做好品牌建设，需要基于市场、商品和消费群体做好品牌或商品的卖点定位，这样才能在竞争激烈的市场中占据一席之地。而随着市场与消费群体需求的不断升级，电子商务文案人员还要时刻关注新产生的需求。电子商务文案人员开展文案写作的前提就是熟悉市场、商品和目标消费人群，考虑更好地展示商品卖点的方式，以提升企业、品牌和商品在市场中的竞争力。

2.1 分析市场

商品都需要投入市场销售，为了写出有针对性的文案，电子商务文案人员必须明确商品的市场情况，对商品的市场环境做好调研分析。

2.1.1 市场调研

电子商务文案是为市场营销活动服务的，而市场调研则是营销过程中的一个重要手段。市场调研指有目的、系统地搜集市场信息，分析市场情况，从而为营销决策提供客观、正确资料的调查研究活动。通过市场调研，电子商务文案人员可以判断企业的营销决策、促销手段等是否切实可行，并能及时了解消费者需求，使文案更贴近消费者。为电子商务文案写作而进行的市场调研以所售商品的市场营销活动为主体，调研对象以消费者、商品、竞争对手、销售情况为主。

- **消费者**｜了解消费者，包括了解消费者购买商品的数量、动机、渠道、方式等。
- **商品**｜商品涉及的内容包括商品的性能、质量、定价、包装等。
- **竞争对手**｜竞争对手涉及的内容包括竞争对手的商品价格、质量、性能、广告宣传方式、提供的服务内容、商品市场占有率、企业生产能力、经营规模、满足市场需求的能力等。
- **销售情况**｜销售情况包括销售环境（如商品市场饱和度）、销售渠道、广告宣传、促销活动等。

专家指导

竞争对手包括直接竞争对手和间接竞争对手。前者指生产经营同品类、同品种的商品或服务，与本企业角逐同一目标市场，与企业构成直接竞争关系的企业。后者指与本企业的商品或服务有一定差异或具有替代性的企业。一般情况下，企业需在综合考虑商品或服务的相似性和替代性，以及目标消费者的一致性后，确定主要竞争对手。

在进行市场调研时，电子商务文案人员可以参考以下 3 种方法来获取调研资料。

- **间接调查法**｜间接调查法即利用已有的、针对特定调查目的收集整理过的各种现成资料，分析与研究调查内容的方法，也称为二手资料调研法。例如，参考商品开发时的商品调研资料、内部过往同类商品的文案创作资料等。
- **直接调查法**｜当资料不足以解决问题时，则可以实施直接调查法，其包括街头拦访、电话访问、邮件访问、焦点访谈、发放问卷调查等。直接调查法主要是通过口头、面对面或书面的方式，获得第一手有关商品销售信息的方法。
- **网络调查法**｜网络调查法指借助互联网获取信息，包括网络讨论法、网络观察法、网络调查问卷法、网络搜索等。例如，在网上创建有关商品的话题，吸引消费者讨论；利用数据技术分析消费者的消费行为、浏览习惯等；将调查问卷嵌入企业官网或合作的社交媒体账号，并提供填写问卷的报酬，以提高消费者答卷概率；用搜索引擎搜索信息等。

素养园地

在调研和分析消费者上网数据，如消费者浏览的网页、点击的广告、停留的时间、关注的商品，以及收集消费者位置轨迹、职位、消费能力等信息时，均需要获得消费者的同意。切记应合法合理地收集、保管和使用数据，维护安全的数据环境，不得将消费者信息泄露或售卖给他人，应切实保障消费者合法权益。

030　　　网络调查问卷是目前较为主流的调研方式，下面就以网络调查问卷调研为例讲解市场调研的方法。通常情况下，调查问卷都有一定的主题，主要由一系列问题、备选答案和其他辅助内容组成，以面向消费者收集企业或品牌需要的资料，题型包括单选题、多选题和问答题等。调查问卷还需要有一个明确的调研标题，直接表明调研的主题，问卷开头需表达问候或感谢，并说明本次调研的主体单位、调研目的、调研意义等，或说明数据保密，以消除消费者的顾虑。另外，若有其他要求，如问卷填写注意事项和回收要求等也可以根据自身需求在问卷中做出说明。

　　　以某零食品牌为例，电子商务文案人员可以通过以下题目的设计来调查消费者信息和目前的市场需求。网络调查问卷详细内容如图 2-3 所示。

图2-3 | 网络调查问卷

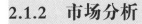

2.1.2 市场分析

完成市场调研后，电子商务文案人员还需要做市场分析，通过对企业或品牌所处的市场环境进行全面、系统的研究，并根据分析结果制定合适的营销策略，明确企业或品牌在市场中的实力。市场分析的方法较多，常用的有两种，一是通过SWOT分析法全面分析自身和竞争对手，二是通过百度指数分析商品的市场需求。

1. 通过SWOT分析法分析

SWOT分析法是一种基于内外部竞争环境和竞争条件的态势分析方法，依照矩阵式排列的方式，全面、系统地分析所评估对象，得到准确率较高的结果，进而根据结果制定及调整运营战略。SWOT由4个英文单词的首字母组成，分别为Strength（优势）、Weakness（劣势）、Opportunity（机会）、Threat（威胁），是通过对各项内容、资源的有机结合与概括来分析企业或品牌优劣势、面临的机会和威胁的一种分析方法，如表2-1所示。

表2-1 SWOT分析法

项目	优势（S）	劣势（W）
机会（O）	SO 战略 依靠内部的优势，利用外部的机会	WO 战略 利用外部的机会，改进内部的劣势
威胁（T）	ST 战略 依靠内部的优势，回避外部的威胁	WT 战略 克服内部的劣势，回避外部的威胁

- **优势（S）**｜优势主要用来分析本企业或商品在成本、营销手段、品牌力及商品本身等方面的长处。

- **劣势（W）**｜劣势主要用来分析企业或商品本身的弱势，竞争对手在本企业弱势的地方做得好的原因。同时，还要分析消费者反馈的不足之处，总结失败的原因。

- **机会（O）**｜机会主要用来分析实现企业内部所规划目标的机会在哪里，短期目标如何实现，中期目标如何实现，长期目标要依靠什么实现；分析企业外部有什么发展机会，包括消费者消费观念的变化、商品的更新换代、新的营销手段出现、销售渠道拓宽等可否为文案写作提供机会点。

- **威胁（T）**｜威胁主要用来分析不利于企业发展或商品营销的因素，这些因素包括市场紧缩、国家政策不利变化、经济衰退及竞争对手威胁，分析是否有这些因素出现并寻求规避方法。

下面以百草味为例进行SWOT分析，如表2-2所示，以帮助读者掌握使用SWOT分析法评估企业或品牌实力的方法，以更好地找到文案写作的切入点，扬长避短，写出打动消费者的文案。

032

表2-2 百草味SWOT分析

项目	内部：优势（S）	内部：劣势（W）
	通过前期的发展累积了较好的品牌口碑，形象较好，有大量忠实客户；拥有多家生产商，遍及世界各地；渠道终端网络完善，线上线下都有销售渠道；与热门IP合作，具有有利的广告攻势；产品上新快；包装精美	产品单一，以谷物膨化类食品为主；产品与当前健康饮食观念冲突；经常利用大促营销，低价竞争容易导致亏本
外部：机会（O）	SO	WO
"网络＋实体"双管齐下的方法依旧适用；喜欢线上购物的客户数量增多；年轻消费群体对零食的需求不仅只包括零食本身，品牌、服务、文化需求越来越被看重，呈现市场化、年轻化的发展趋势	利用产业链和品牌优势继续扩大原有销售规模；继续开发多样化休闲零食产品，以满足市场需求；塑造企业金牌形象	强化市场定位，加大品牌宣传；扩大分销渠道，做好实体销售
外部：威胁（T）	ST	WT
与相同类型企业的竞争大，如良品铺子；客户偏好在不断变化；容易被模仿，失去产品独特性；不断出现新的竞争企业	做好产品的更替；加大产品监管，把控好产品质量，将产品质量与安全放在第一位	加强员工潜力挖掘，完善培训管理体系；拓展更多产品；利用发展机遇提高公司的内部管理能力；继续保持市场占有率，确保竞争优势

通过表2-2的分析可得出，百草味的优势在于品牌品质、产品更新快、低价和文化IP植入等，电子商务文案人员在写作文案时就要突出这些内容，体现品牌发展、专业品质或彰显年轻化的文化内容植入等。图2-4所示为百草味的部分文案展示。

图2-4 | 百草味的部分文案

2. 通过百度指数分析

百度指数是以百度网民的行为数据为基础的数据分享平台，能够展示某个关键词在百度的搜索规模、一段时间内的涨跌态势，以及关注某个关键词的网民构成等丰富数据。其主要功能模块包括基于单个关键词的趋势研究、需求图谱、人群画像，以及基于行业搜索指数的行业排行等。电子商务文案人员可以借助百度指数来了解商品的市场需求情况。

百度指数的使用方法比较简单，下面以分析"夏威夷果"为例进行讲解。首先进入百度指数官网，在搜索框中输入关键词"夏威夷果"，按【Enter】键进入百度指数默认显示板块——趋势研究，其中反映了关键词的搜索指数和资讯指数。

- **搜索指数** | 搜索指数展示关键词最近30天在全国范围PC端和移动端（可以分别查看不同端的数据）的搜索指数趋势图，以及各种日均值和同比、环比变化数值，如图2-5所示。从图2-5中可以看出该关键词的搜索热度较去年同期有所上升，但相比上一周期有所下降。

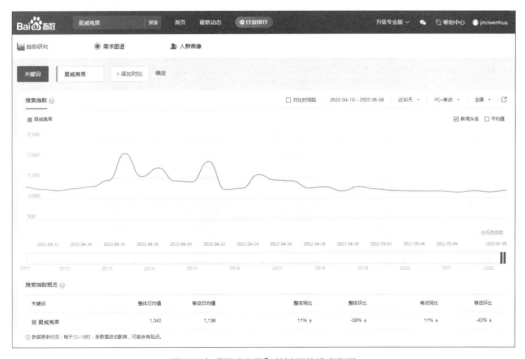

图2-5 | "夏威夷果"关键词的搜索指数

- **资讯指数** | 资讯指数反映新闻资讯在互联网上对特定关键词的关注及报道程度的持续变化，如图2-6所示。从图2-6中可以看出资讯指数的峰值主要集中在4月15日前后，且总体指数较低。电子商务文案人员可以着重了解其变化的原因。

此外，百度指数还提供与关键词有关的需求图谱，用于反映最近一周网民在检索该词前后表现出来的相关需求，如图2-7所示，并给出了相关词及其搜索热度等数据信息。

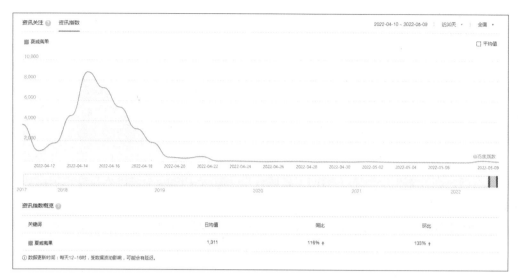

图2-6 | "夏威夷果"关键词的资讯指数

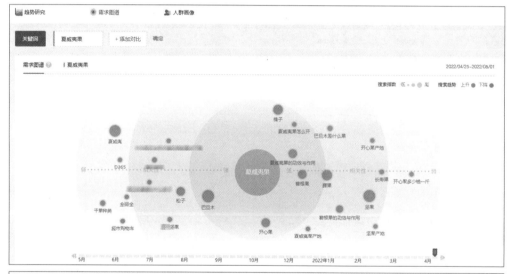

图2-7 | "夏威夷果"关键词的需求图谱

　　同时，在百度指数中单击搜索文本框下方的"人群画像"，还可查看搜索该关键词的人群的地域分布、年龄分布、性别分布和兴趣分布等信息，这有利于电子商务文案人员写出更有针对性的营销内容。另外，百度指数还提供不同商品的对比功能，企业或品牌可以根据实际需求对竞品或同类商品进行比较，获取需要的数据，为后期的营销策划做准备。

专家指导

网络上还提供一些其他可供查看市场行业数据的分析工具，如微信指数、百度统计流量研究院、友盟＋全域罗盘、易观千帆、SimilarWeb 等，电子商务文案人员可根据需要自行了解并选择。

2.2 熟悉商品

电子商务文案人员要在熟悉商品的基础上开展文案写作，才能使写出来的内容符合商品的特点，体现商品与众不同的卖点，进而吸引有需求的消费者。一般来说，要熟悉商品，就需要了解商品的分类、属性、市场定位、卖点等内容。

2.2.1 商品的分类

电子商务市场中越来越丰富的商品种类和品牌使消费者有了更加广阔的选择空间，为了找到商品的目标消费群体，企业或品牌需要明确自身商品在市场中的定位，做好商品分类。商品分类是指为了一定的需求，根据商品的属性或特征，选择合适的分类标志将商品划分门类、大类、中类、小类、品类或品目，以及品种、花色和规格等。国内的大多数门户网站采用 UNSPSC（第一个应用于电子商业的商品及服务的分类系统，每一种商品在 UNSPSC 的分类中都有一个独特及唯一的编码）来分类，电子交易市场则参照《商品名称及编码协调制度》，还有一些电子交易市场则使用自编的商品分类系统。因此，目前并没有一个统一的电子商务市场的商品分类规范，但商品的分类原则上要遵守以下规则。

- 必须明确分类的商品所包含的范围，即商品的属性、特征等。例如一件衬衣，在分类时就要知道它的使用对象是女士还是男士，面料是纯棉还是丝质，版型是修身还是宽松等。
- 商品分类要从有利于商品生产、销售、经营的角度出发，最大限度地契合消费者的需要，并保持商品在分类上的科学性。所谓科学性就是要选择商品最稳定的本质属性或特征作为分类的基础和依据。
- 选择的分类依据要适当。要选择一个合适的参照对象作为商品的分类依据。例如，笔记本既可以指数码商品中的笔记本电脑，又可以表示办公文具中的笔记本，它们是两个完全不同的商品，因此在分类时就要先明确该商品的分类依据，一般是根据商品的用途进行划分。

- 形成科学的分类体系。将选定的事物、概念的属性和特征按一定顺序进行排列，并形成一套合理的科学分类体系。

归纳以上内容可得出商品分类的几种方法，分别是按商品用途分类、按原材料分类、按生产工艺分类、按商品主要成分分类，以及其他分类方式。

1. 按商品用途分类

商品是为了满足人们生活和工作的需求而被生产出来的，因此商品的用途是直接体现商品价值的标志，也是进行商品分类的一个重要依据。按照商品用途分类可以更好地区分相同类型的商品。例如，日用品按照用途进行分类，可以分为器皿类、玩具类、化妆品类和洗涤用品类等。

2. 按原材料分类

商品原材料因为成分、性质和结构等的不同，会使商品具有截然不同的特征。对原材料进行商品分类，可以从本质上反映商品的性能和特点，适合于原材料来源较多且原材料对商品性能起决定作用的商品。例如，纺织品按照原材料进行分类，可以分为棉、麻、丝、化纤和混纺织品等。

3. 按生产工艺分类

对于相同原材料的商品，可以按生产工艺来进行分类。例如，茶叶按照不同的生产加工方式进行分类，可以分为红茶、绿茶、乌龙茶、白茶、黄茶和黑茶等。

4. 按商品主要成分分类

商品成分往往对商品的性能、质量和用途起决定性的作用。有些商品主要成分相同，但添加某些特殊成分后，商品的质量、性能和用途完全不同。例如，玻璃的主要成分是二氧化硅，但由于某些特殊成分的添加，玻璃可以被分为铅玻璃、钾玻璃和钠玻璃等。

5. 其他分类方式

除了以上分类依据外，商品外观、生产产地、生产季节和流通方式等也可以作为商品分类的依据。例如，苹果按照产地和流通方式可分为烟台苹果、新西兰进口玫瑰苹果、富士苹果和美国加利福尼亚蛇果等；茶叶按照采摘季节可分为春茶、夏茶、秋茶和冬茶等。

电子商务文案人员要在充分了解商品分类的基础上，准确判断商品分类的依据，并将此依据作为文案写作的参考内容之一。其中，商品用途、原材料、生产工艺是普遍出现在商品详情页中的内容，商品特色，如产地、外观等具有特殊代表性的元素则常出现在商品标题中。

2.2.2　商品的属性

商品的属性是指商品本身所固有的性质，是商品所具有的特定属性。例如，服装商品的属性包括服装风格、款式、面料、品牌等，这些属性可以看作商品性质的集合，可用于区别不同的商品。电子商务文案人员写作文案前要熟悉商品的属性，找出自身商品与其他商品的差异，突出自身特点，这样才能吸引更多消费者浏览内容，增加成交机会。

按照电子商务平台的标准商品单元（Standard Product Unit，SPU），商品属性分为关键属性、销售属性和其他属性。

- **关键属性**｜关键属性是指能够唯一确认商品的属性。该属性可以是单一的属性，也可以是多个属性的组合。商品类目不同，用于确定商品的关键属性就不同，要注意区分和识别。例如，手机商品可采用"品牌+型号"属性来作为关键属性；服装商品可采用"品牌+货号"属性来作为关键属性。

- **销售属性**｜销售属性是指组成库存量单位（Stock Keeping Unit，SKU）的特殊属性，主要包括颜色、尺码等影响消费者购买和商家库存管理的属性，如图2-8所示。

图2-8｜销售属性

- **其他属性**｜其他属性是指除关键属性和销售属性以外的属性，如材质、面料、包装、价格等属性，是商品普遍具有的属性。

专家指导

随着消费者对商品文化需求的增加，文化属性也渐渐成了商品属性的一种表现。文化属性是指商品在生产与交换过程中凝结在商品与劳务中的人文价值，是商品的一种附加属性，主要表现为一种审美观念、情感哲学等。

2.2.3　商品的市场定位

商品的市场定位是文案的核心所在，要取得好的文案营销效果，电子商务文案人员就需要抓准商品的市场定位，这样才能在消费者心里留下独特、深刻的印象，让消费者一产生相关需要，就会联想到目标商品。商品的市场定位归根结底是解决商品面向什么目标消费市场、提供何种商品与服务、在行业市场中处于什么位置（大众品或高端品）等问题，

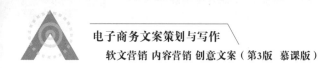

038 其关键在于找出商品对竞品的优势，因此在定位时，电子商务文案人员可以在市场调研的基础上，参考以下 3 个方面的定位。

1. 按企业意愿定位

企业生产某商品时，都会有预设的市场定位，如高端汽车、高品质手工服装等，虽然在进入市场时，该定位可能会因为不符合市场需求而被调整，甚至该商品线因无法发展而被取消，但在商品定位时，按企业意愿定位是一种常见的定位方法。这种定位若能凸显独特的销售主张，或体现与竞品相比的差异点，对后期打造商品竞争优势，创作出充满特色的文案将大有帮助。

2. 按消费者需求定位

商品通常是为消费者服务的，因此若能站在消费者的角度，符合消费者的需求，那么据此创作的文案无疑将更有可能得到消费者的青睐。例如，某生鲜 App 是立足于让消费者吃上健康的蔬菜而被开发出来的，那么其宣传文案中体现让消费者"放心的直供新鲜菜品"，将能在彰显商品定位的同时，获取消费者的关注和信任。

专家指导

通常情况下，若企业对商品的定位与消费者对商品的定位一致，则代表该商品的定位成功；若企业对商品的定位与消费者对商品的定位不一致，商品的营销效果可能会存在一定问题。

3. 价格竞争优势定位

商品基本都存在竞品，因此商品定位与竞品情况相似的条件下，可以选择从价格上来寻找竞争优势，以更低的价格获取消费者市场。这通常也会要求企业尽可能地降低单位成本，以保障合理的利益。

确定好商品定位后，电子商务文案人员就可以此明确文案写作的方向。例如，在瓶装饮用水领域竞争非常激烈的情况下，今麦郎以"凉白开"为突破口，确定了一个颇具差异化的市场定位，通过"不喝生水，喝熟水""喝熟水，对身体好"等文案打造了"熟水"的概念，形成了商品的独特定位，给消费者留下深刻印象。这种定位既符合企业意愿，又吻合消费者对健康的需求。

2.2.4 商品的卖点

商品的卖点是呈现出来的商品价值，也是促进商品销售的关键，主要从商品定位中获得。电子商务文案的本质在于促进商品销售，因此电子商务文案人员应掌握商品的常见卖点，这样可以激发消费者对商品的好感，从而使其产生购买行为。商品的卖点通常体现在以下 6 个方面。

- **卓越的商品品质**｜商品品质是影响消费者选购商品的主要因素之一，只有保证商 **039**
  品品质卓越，才能让消费者对商品充满信心。
- **显著的商品功效**｜不同的商品拥有不同的功效，消费者购买商品实际上是购买商
  品的功效。如果商品的功效与消费者的需求相符合，且超出了消费者的预期，就
  会给他们留下良好的商品质量印象，从而得到消费者的认可。
- **知名的商品品牌**｜知名的品牌不仅能够保障商品的质量，还能给消费者带来更多
  的附加价值，满足消费者心理上的需要。
- **较高的性价比**｜性价比就是商品的性能与价格的比值，商品的性价比越高，消费者
  越倾向于购买该商品，因为这代表消费者可以花费较少的钱购买到较好的商品。
- **商品的特殊属性**｜特殊属性是指商品在满足消费者本身需求的情况下所具有的某
  些特殊的商品属性。例如，为经常使用计算机的人设计的防蓝光眼镜，对于重视
  保护视力的消费者有很大的吸引力。
- **完善的售后服务**｜售后服务就是在商品售出以后所提供的各种服务。通常，消费
  者会将售后服务作为判断商品是否值得购买的因素之一。售后服务完善的商品更
  能吸引消费者购买，有时甚至会直接影响消费者的购买行为。

2.3　分析目标消费人群

进入电子商务市场与进入传统实体市场一样，企业需要分析与定位消费人群，这样才
能更好地发现市场机会，有效地制订营销计划，从而使企业以较少的经营费用取得较大的
经营效益。对目标消费人群的分析与定位包括购买意向分析、购买心理分析和用户画像定
位等。

2.3.1　购买意向分析

购买意向是消费者选择某种商品的主观倾向，表示消费者愿意购买某种商品的可能
性。消费者对商品产生积极、支持的态度，就可能产生购买该商品的明确意向。一般来说，
影响消费者购买意向的因素主要有以下 3 个。

- **环境因素**｜环境因素指文化环境、社会环境和经济环境等外在的社会化环境因
  素。环境因素会影响消费者的购买意向。例如冬季雾霾严重，防霾口罩在这一时
  段就会比其他时段的销量高很多；又如某热播剧引起消费者对某个商品的关注，
  受该热播剧的影响，关注该商品的消费者也会急剧增多。
- **商品因素**｜商品因素主要有商品的价格、质量、性能、款式、服务、广告和购买
  便捷性等因素。例如，在淘宝直播平台中，消费者可以在观看直播的同时直接购

买商品，这比传统的视频营销结束后告知消费者购买方式便利得多。

- **消费者个人及心理因素**｜消费者由于自身经济能力（如购买能力）、兴趣习惯（如颜色偏好、品牌偏好）等不同，会产生不同的购买意向，并且由于心理、感情和实际的需求各不相同，也会产生不同的购买动机。

综合以上因素，以及电子商务给消费者带来的便利，消费者在电子商务模式下的消费行为发生了很大的变化。因此，要想获知消费者的购买意向，就要重视对消费者信息的收集、分析，并挖掘消费规律，研究消费者在电子商务网站上发生购买行为的原因。

下面以淘宝和京东两个电子商务平台为例进行分析。

1. 淘宝

为什么有这么多消费者在淘宝上购物？原因在于它具有以下优势。

（1）淘宝为消费者提供了十分丰富的商品，几乎涉及生活需求的方方面面，其商品琳琅满目，品种不一，消费者可以自主浏览和搜索商品。淘宝中的某些商品，不仅包括实物商品，还包括体检套餐、话费充值。另外，消费者还可以利用淘宝购买网课、预订火车票等。

（2）淘宝中的很多商品比实体店中的商品价格低，符合很多消费者物美价廉的消费需求。图2-9所示为淘宝中的手机壳商品，可以看出其售价较低，这样的价格实际低于大多数实体店的售价。

图2-9｜淘宝中的手机壳商品

（3）阿里巴巴基于淘宝开发了一系列 App，如淘宝、天猫、聚划算、淘票票、阿里巴巴（1688）、支付宝、闲鱼、盒马、飞猪旅行等。通过这些 App，消费者可以预订酒店、火车票、电影票，也可以进行理财、缴费等。下面简单介绍一些日常生活中常用的 App。

- **阿里巴巴（1688）**｜阿里巴巴（1688）是阿里巴巴集团推出的采购批发平台，旨在为商家提供海量的商机信息和便捷安全的在线交易市场，商品涉及服装、美妆、原材料、农产品等。该平台为淘宝商家提供了多种货源，批发价较低，可代发货。另外，现在还有大量零散消费者涌入，以分销和混批的方式低价采购货源商品。

- **支付宝** ｜支付宝是国内领先的第三方支付平台，致力于提供"简单、安全、快速"的支付解决方案。它是一个融合了支付、生活服务、政务服务、社交、理财、保险、公益等多个场景与行业的开放性平台。
- **飞猪旅行** ｜飞猪旅行可提供票务服务，如国内外机票、酒店、火车票预订；提供国内外旅游路线、出境超市等资讯。
- **淘票票** ｜淘票票是在原淘宝电影的基础上开发的一款电影App，支持电影和演出赛事在线购票。
- **闲鱼** ｜闲鱼是阿里巴巴旗下的闲置品交易平台，消费者可以通过登录淘宝或支付宝账号，在闲鱼出售闲置物品。消费者在淘宝购买的部分商品，可在"我的订单"中点击"全部"—"更多"—"卖了换钱"—"一键转卖"，将商品转到闲鱼卖掉。

2．京东

京东与淘宝的销售模式有所区别，京东销售模式主要包括京东自营和非自营（简称POP）两种模式。其中，京东自营是指京东直销模式，由京东采购货物，并负责配送、售后等一系列事项，以保证商品质量；非自营模式是指京东与商家联营，京东商城作为开放的第三方平台，为商家提供销售平台，由商家发货，京东向商家收取平台使用费用，这种模式又包括FBP和SOP。

- **FBP** ｜FBP类似于京东采购模式，是指京东提供给商家一个独立操作的后台，由商家自行上传商品，描述商品信息，但商品仓储、配送和客服则由京东提供，京东自营的商品能享受的所有服务，商家都能享受。但要求商家必须具备一般纳税人资格，需要给京东开具增值税专用发票。
- **SOP** ｜与天猫的模式类似，即京东给商家一个独立操作的后台，由商家自行上传商品，描述商品信息，订单产生后12小时内发货，由商家自行承担所有的服务。

京东商城中的商品质量有保障，因此，很多消费者在购买金额较大的商品时，一般倾向于选择京东。但是，京东逐渐引进了合作商家，商品也可能存在一定的质量风险，消费者可以根据"自营"的标志来判断选择。在京东上搜索"洗衣液"，结果页中大部分商品带有京东"自营"的标志，如图2-10所示。

图2-10 ｜京东自营商品

此外，京东的仓储物流服务一直备受业内好评，京东提供限时达、次日达、夜间配等多种模式的配送服务，可以让消费者按照自身需要选择合适的服务，且保证商品能够准时送达。图 2-11 所示为消费者在京东购买商品后的物流信息记录，从中可以看到，消费者在前一天 21:34 提交订单，第二天 13:00 前便已确认收货。

图2-11 物流信息记录

2.3.2 购买心理分析

购买心理是消费者购买商品时的一系列心理活动。电子商务文案人员对消费者的购买心理进行研究，可以更加准确地分析消费者的购买行为，撰写更加符合消费者需求的文案。

1. 好奇心理

好奇心是每个人都会有的一种心理，但不同人的好奇心的强烈程度不同，因此也会引起不同的购买行为。好奇心旺盛的消费者一般比较喜欢追求新奇，是各种潮流商品的常客。这一类型的消费者通常是青年消费者，比起商品是否经济实惠，他们更看重商品能否满足自己的好奇心。

图 2-12 所示的盲盒商品和变色茶宠，就是商家利用消费者的好奇心理推出的商品，以吸引喜欢未知和新鲜事物的消费者购买。

图2-12 盲盒商品与变色茶宠

2. 从众心理

通常人们所说的"随大流"就是从众心理，它是指个体在社会群体的无形压力下，不知不觉或不由自主地与多数人保持一致的社会心理现象。特别是当今存在各种社会圈子，很多消费者希望与自己所在的圈子保持同步，不愿落后于他人，因此有从众心理的消费者占大多数。针对这一类型的消费者，企业或品牌可以大力宣传商品，增加商品热度，让消费者购买商品。

3. 实惠心理

有实惠心理的消费者追求物美价廉。物美价廉是指商品功能实用且价格便宜，性价比高。有实惠心理的消费者一般看重商品的功能和实用性，对商品外观、样式等不太注重，对价格低廉、经久耐用的商品很感兴趣，且购买力强。如果商品的目标消费者是有实惠心理的消费者，那么商家可以通过不断提高商品的性价比，丰富商品的效用和功能，或在适当的时候进行有奖销售、提供赠品等，来吸引更多这一类型的消费者。图 2-13 所示为一款丙烯颜料的文案示例，其针对的是有实惠心理的消费者。

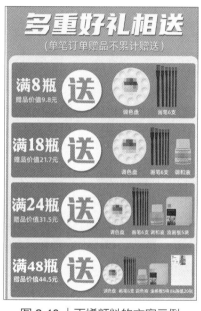

图 2-13 ┃ 丙烯颜料的文案示例

4. 崇美心理

崇美心理是指关注商品欣赏价值或艺术价值的购买心理。有崇美心理的消费者可能既关注商品是否实惠耐用，又关注商品是否能美化生活，是否具备造型美、装饰美或包装美等。面对这类消费者，电子商务文案人员需要强调商品的欣赏价值。

图 2-14 所示为利用崇美心理的耳机文案，其强调兔耳和发光设计，这就符合部分对美有追求的消费者的喜好。

5. 求异心理

求异心理指消费者追求个性化，彰显与众不同的个人品位的心理现象，其心理主要为"我要的和别人不一样"。图 2-15 所示为利用求异心理的汽车品牌文案，文案中"闪烁疾驰 用尾灯为对手照亮前路""唯王者共逐"不仅体现了该汽车速度很快，而且体现了品牌实力很强。另外，品牌彰显尾灯的独特姿态，也满足了消费者追求个性化的心理需求。

专家指导

展示个性也要考虑社会认可度，不能为显示与众不同而过分标新立异。

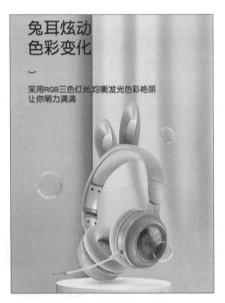
图2-14 | 利用崇美心理的耳机文案

图2-15 | 利用求异心理的汽车品牌文案

6. 崇名心理

崇名心理指的是倾向于购买品牌商品的心理。这些品牌商品可以是高价的，也可以是平价的，但以高价商品为主，并且品牌知名度要高，影响力要广。这类品牌有一定的历史，商品品质获得了消费者认可。因此，消费者购买品牌商品，本质上是追求高品质商品，体现的是追求高品质生活的心理。针对这类消费者，电子商务文案人员在文案中可体现品牌影响力、品牌态度或商品品质。

7. 比较心理

比较心理是指在有同类商品或更多选择的情况下，消费者往往会选择更优选项的购买心理。电子商务文案人员在撰写针对这一类型消费者的文案时，要突出本商品是优质选项，值得购买，如图 2-16 所示。

> 说了半天，两者各有千秋，还是选不出来？
>
> 不。
>
> 其实，有一款"神器"解决了这种选择困难。
>
> 它结合了空气炸锅+烤箱，一台拥有两套发热系统：
>
> **光波加热+风机高速运转负责空气炸锅功能；上下加热负责烤箱功能。**
>
> 所以，这是从本质上真实结合了两者，并因此做到了一台顶十台：
>
> 烤箱+空气炸锅+烧烤炉+早餐机+干果机+酸奶机+多士炉+面包机+发酵机+解冻箱

图2-16 | 利用比较心理的文案

8. 习惯心理

很多消费者在购物的过程中会养成一定的习惯，如偏向于购买某种品牌的商品、只购买价格不超过某个范围的商品等。这一类型的消费者一般会有一个心理预期，当商品的实际价格过高或功能不能满足消费者要求时，消费者就会购买其他商品。

9. 名人心理

名人指各行各业中被广泛关注的个体。名人效应是名人的出现所达成的引人注意、强化事物或扩大影响的效应。名人心理则是在名人效应基础上产生的购买心理，即想要购买名人同款或名人推荐的商品等。因此，名人心理诱发的消费行为也可以看作消费者由于推崇名人效应而采取的行为。

针对这种购买心理，电子商务文案人员可将名人融入文案中，尤其在名人是商品或品牌代言人的情况下，名人也是一大卖点。常见的利用名人心理的文案有"××同款"（见图2-17）、"××作序推荐"等。图2-18所示为某些商品的消费者评论，可见有不少消费者有名人心理。

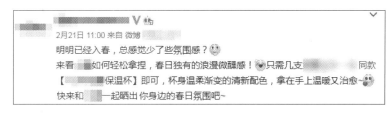

图2-17｜利用名人心理的文案

图2-18｜某些商品的消费者评论

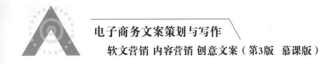

素养园地

在利用名人心理撰写文案时，电子商务文案人员要把握好度，不要引导追星或呼吁消费者盲目消费，只需简单提及名人，侧重商品本身。切记要响应国家互联网信息办公室办引导理性追星的号召，助力营造理性消费的良好网络交易环境。

2.3.3 用户画像定位

用户画像是对用户行为、动机和个人喜好的一种图形表示，能够将用户的各种数据信息以图形化的直观形式展示出来，帮助商家更好地进行用户定位，方便电子商务文案人员写出针对消费者需求的文案，提升文案对消费者的吸引力。用户画像展现的信息不属于每一位用户，而是具有相同特征的一群目标用户群体的共同数据。构建用户画像就是为具有共性的用户打上一个标签，从而实现数据的分类统计。

通过对用户购买意向和购买心理的分析，商家可以建立起对用户的基本印象，明确用户的基本属性信息，即用户性别、年龄、身高、职业、住址等信息。这些属性信息不同，用户的收入水平、生活习惯、兴趣爱好以及消费行为也就不同。通过对信息的分类统计，商家可建立起基本的用户画像模型，然后将收集的数据按照相近性原则进行整理，将用户的重要特征提炼出来，形成用户画像框架，并按照重要程度进行排序，最后丰富与完善信息即可完成用户画像构建。

在电子商务平台中商家可以通过数据分析工具来快速构建用户画像，如生意参谋提供了关于消费人群的数据，电子商务文案人员在"市场"中单击相应的选项卡，就可以获得对应的用户信息，获得用户画像。

1. 搜索人群画像定位

电子商务平台之间的竞争、商家之间的竞争都日益激烈，谁能更精准地定位目标用户群体，谁就能更快抢占市场先机。通过分析搜索词维度下的人群，筛选出社会属性、购买偏好、行为偏好等多个标签视角下的人群特征，商家可以在网店装修、商品风格、商品定价、文案撰写等方面更精准地触达目标消费者。

淘宝的搜索人群画像提供搜索词对应的人群画像，包括性别分析、年龄分析、省份和城市分析等属性画像，购买偏好、支付偏好、下单时间段等，支持3个搜索词同时在线对比，可以方便电子商务文案人员根据数据撰写文案，帮助网店精准营销。电子商务文案人员搜索关键词之后，即可获取关键词对应的人群画像。

图2-19所示为"行李箱"的搜索人群画像定位，可以看出搜索人群的性别、年龄、地域分布，以及倾向于购买的商品类目、支付偏好等。电子商务文案人员可以将其作为文案写作的参考，如从热销商品中了解消费者偏好的商品的特征，以此为依据撰写文案，提高转化率。

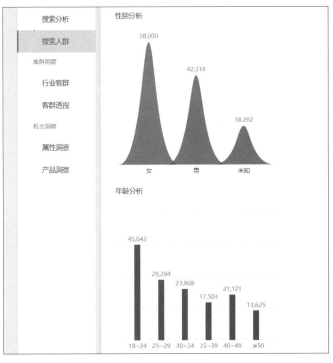

图2-19 | 搜索人群画像定位

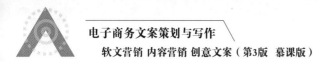

048

2. 行业客群定位

行业客群的相关数据主要用于获取行业购买人群特征，商家通过对消费者的性别、年龄、地域等数据的统计分析筛选出买家人群，然后对筛选后的数据进行分析，得到更加准确的买家属性信息，包括支付转化指数、职业分析、省份分布排行、城市分布排行等数据。同时，商家还会分析这部分买家的购买行为，得到这部分买家人群的标签属性，如下单及支付时段偏好、搜索词偏好、购买偏好、支付偏好、购买品牌偏好等数据。行业客群定位如图 2-20 所示。

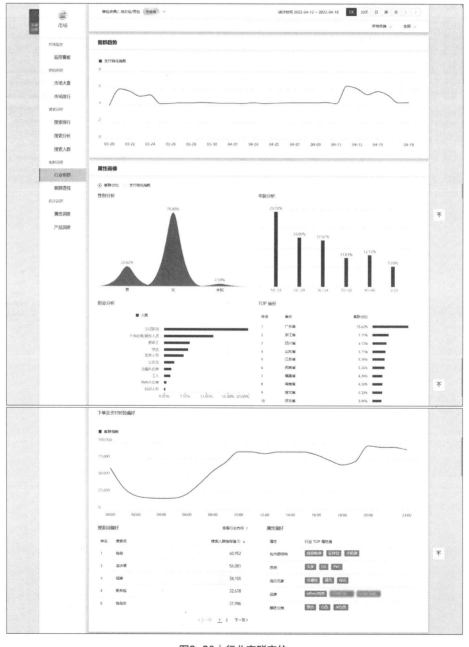

图2-20 | 行业客群定位

在定位分析时要先筛选分析时间和类目，并重点关注以下数据。

- **支付转化指数** | 支付转化指数来源于支付用户数和访客数，主要用于了解统计时期内的支付转化率。一般指数数值越高，代表支付转化率越高，这意味着成交消费者占比越大。可将支付转化指数看作确定营销时间、衡量营销情况的依据。

- **职业分析** | 职业分析主要用于了解行业中不同职业类型，如公司职员、个体经营/服务人员、教职工、学生、医务人员、公务员、金融从业者、工人等购买箱包的人群占比，得出商品的目标消费人群，并了解不同职业的消费水平、消费观念和流行趋势，抓住其购买心理制订营销计划。例如，职业分析显示行业客群中公司职员占比最大，由于公司职员一般具有较强的消费主动性和较快接受新鲜事物的能力，且比较理性，从众心理不强，不会轻易跟风，有主见，所以文案如果能针对公司职员的特点，展示商品在功能、细节方面能满足他们的要求，则能吸引他们购买。

- **省份分布排行、城市分布排行** | 省份分布排行、城市分布排行主要用于分析购物地域，以确定广告投放地域。

- **下单及支付时段偏好** | 下单及支付时段偏好主要用于分析消费人群的下单及支付时间，以判断购物高峰期，合理分配资源，做好广告投放时间、客服接待等安排。它与消费者的职业、购物习惯等具有较强的联系。

- **搜索词偏好** | 搜索词偏好主要用于分析消费人群的搜索关键词，筛选出流量较大、搜索人数较多的关键词，将其直接添加到商品标题中，进而提高曝光率。

- **购买偏好** | 购买偏好主要提供交易商品榜、不同品牌和商品类目的交易指数。商家据此分析消费人群喜好的商品属性风格，筛选出匹配度高的属性内容，将其作为选款的依据。

- **支付偏好** | 支付偏好主要用于分析消费人群的支付金额分布和购买次数，以得到消费者对价格的接受程度和复购次数的相关数据，将其作为调整商品价格的依据。

- **购买品牌偏好** | 购买品牌偏好主要用于分析消费人群购买品牌偏好和定位主要的竞争者。电子商务文案人员可进一步学习优秀竞争者的营销手法，借鉴其文案写作方法。

2.4 确定广告营销策略

广告营销策略是指商家通过广告宣传推广商品，以促成消费者直接购买，提高商品销量，提升品牌知名度、美誉度和影响力所用的营销策略。广告营销策略是实现文案写作目的的必要手段，因此在正式写作文案之前，电子商务文案人员还需要明确文案推广的具体要求和所要达到的目的，从而确定广告目标、广告基调和广告策略，使文案达到理想的营销效果。

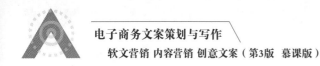

2.4.1 广告目标

广告目标是广告策略的起点，是商家宣传推广需要达到的目的，一般是促进商品销售、提升品牌知名度与消费者好感度等。广告目标不同，文案具体内容也有所不同。例如，为提升品牌知名度，电子商务文案人员可以写作品牌故事，结合品牌元素体现某种正面精神或品牌态度等。总之，电子商务文案人员应在写作文案之前确定好广告目标，以写出符合要求的文案。

图 2-21 所示为某运动 App 发布的"跑道的诗"文案，其广告目标比较明确，即宣传推广品牌，并提升品牌影响力。该文案中有扫码写诗，不仅能让品牌与消费者深度互动，还表达了品牌鼓励每一位奔跑者的态度，契合品牌"运动"的定位，起到了较好的宣传与推广效果。

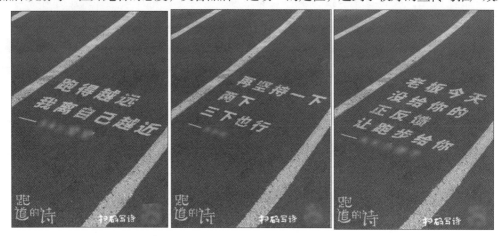

图2-21 | "跑道的诗"文案

2.4.2 广告基调

广告基调指确定的整个电子商务文案的风格。广告基调会影响消费者的整体感受，有助于揭示整个文案的主题，体现商品定位，树立品牌形象，奠定情感基调，加深文案情感内涵，因此，广告基调的确定非常重要。

电子商务文案人员可以根据商家提供的、所获知的信息深入了解品牌及商品的风格、定位等，根据广告目标和设计好的主题，选择合适的广告基调，并通过文案内容与构成元素、主题颜色等确定文案基调，呈现良好的文案效果，达到营销推广的目的。

2.4.3 广告策略

广告策略是商家为了保证实现广告目标而采取的一系列关于宣传推广的方法和手段，其目的是解决文案向谁说（目标消费者）、说什么（文案内容）、如何说（文案类型）等主要问题。在广告营销的刺激之下，消费者的消费态度和消费意愿呈强化趋向，有不少消费者会针对广告内容进行搜索。电子商务文案人员在制定广告策略时，需要先选择合适的 **051** 广告类型，再规划广告投放的时机和具体的投放时间。

1. 选择合适的广告类型

当前不少消费行为都受到互联网社交媒体、新闻报道、大众口碑的影响，其中涉及的广告形式较多，按呈现媒介分类，广告主要分为以下几种。

（1）电子商务平台广告。

电子商务平台作为电子商务活动的中心，以及消费者购买商品的线上交易平台，成为许多商家投放广告的选择之一。电子商务平台广告主要通过平台后台的各种推广工具投放，由商家付费购买，适合商品定位明确，且有一定资金实力的商家。以淘宝为例，其广告包括网站首页的轮播横幅广告，淘宝搜索结果页面最右侧一栏广告、猜你喜欢中的广告等，商家可以通过开通引力魔方和直通车购买这类广告。图2-22所示为淘宝网首页轮播横幅广告。

图2-22 | 淘宝网首页轮播横幅广告

专家指导

横幅广告又称Banner广告，通常位于页面的顶部、中部或底部，有静态横幅广告、动态横幅广告、互动式横幅广告3种形式。横幅广告是一种硬广告形式，在页面中占比较小，一般要求文案内容醒目、具有吸引力，能吸引消费者点击。消费者点击广告后，就能跳转到某个页面。除了电子商务平台外，有些门户网站也有横幅广告。

（2）新媒体广告。

电子商务领域常见的新媒体广告主要指在社交媒体、内容分享平台等新媒体平台发布的广告，广告形式包括信息流广告和App开屏广告等。

- **信息流广告** | 信息流广告是位于社交媒体用户的好友动态或者资讯媒体和视听媒体

052　　　内容流中的广告。信息流广告包括图片、视频、图文等，可以通过大数据算法向消费者精准、定向投放，一般根据用户浏览的内容进行投放，是当前主流的广告形式之一。一般推广某商品、品牌或App时可以采用信息流广告，可将其投放在小红书、微博、微信、哔哩哔哩等平台。图2-23所示为微信朋友圈的信息流广告。

- **App开屏广告** ｜ App开屏广告一般在开启App时出现，也称为启动页广告。该广告的展示时间约为5秒，点击即可跳转到相关页面，消费者也可以点击"跳过广告"按钮关闭广告。这种广告覆盖面广，打开App的人通常都能看到。图2-24所示为知乎App的开屏广告。

图2-23｜信息流广告　　　　图2-24｜App开屏广告

（3）电子邮件广告。

电子邮件广告主要指通过电子邮箱对消费群体进行广告投放的一种广告形式，这种广告形式比较快捷、便利，通过广发邮件获得消费者关注。这类广告也可以用于发布定制化广告，这是其他广告难以达到的效果。图2-25所示为电子邮件广告示例。

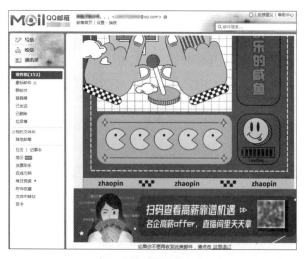

图2-25｜电子邮件广告

（4）搜索引擎广告。

搜索引擎广告指商家根据商品或服务的内容、特点等，确定相关的关键词，撰写广告内容并自主定价投放的广告。当消费者搜索商家确定的关键词时，相应的广告就会展示。这种广告通常采取竞价排名的方式，按效果付费，如果没有消费者点击，则不收费。当商家想要灵活控制推广成本、获得较高回报时，可以采用这种广告策略，但最好选择用户基数大的网站投放广告。例如，在百度搜索"车厘子"后，结果页面中标注了"广告"的就是投放的搜索引擎广告，如图 2-26 所示。

图2-26 | 搜索引擎广告

（5）视频广告。

视频广告有许多类型，包括视频开始前插播的贴片视频广告、植入视频正片中的广告、依靠视频弹幕制作的广告、消费者选择主动播放以获取激励奖品的视频广告及手动暂停视频时弹出的广告等。相对于其他类型的广告，视频广告视听效果好，时长较长，若是视频内容精彩，就容易让消费者沉浸其中。但正是因为时长较长，消费者也容易感到不耐烦，所以视频广告的内容应具有创意。

（6）直播广告。

直播广告指在电子商务平台直播频道中以直播形式展示、推广商品的广告形式，这是非常直白的广告形式，可以全方位地介绍商品，促进销售。预算较少的商家可以选择自播或与腰尾部 KOL（Key Opinion Leader，关键意见领袖，即被消费者信任、对其购买行为有一定影响力的人，此处腰尾部 KOL 指粉丝数在 1 万 ~50 万人的、有一定影响力的主播）合作直播，预算较多的商家可以请热门主播直播。

2. 规划广告的投放时机和时间

确定好广告类型之后，电子商务文案人员还需要按照竞争制胜的原则，科学合理地筹划广告进入市场的时机和具体的投放时间。例如，是在商品上新之前预热宣传、与商品同步进入市场，还是在商品进入市场之后宣传；是选择节假日、商品淡季（如反季促销）、商家发生重大事件期间（店庆、专访、获奖），还是选择某黄金时间段（特指电视、广播渠道的宣传）等。总之，电子商务文案人员要提前做好策划，以使广告发挥较好的效果。

2.5 本章实训——推广笔记本电脑的文案写作准备

实训背景

百视是一家致力于提供信息与通信基础设施和智能终端的科技公司。目前百视已经开发了手机、智能音箱、平板电脑、投影仪等一系列商品。最近，百视新开发了一款笔记本电脑，打算在网络上营销推广。小杰作为该公司的文案人员，被要求参与完成文案写作前的准备工作，提供文案创意营销策略。

1. 实训要求

（1）完成市场调研。

（2）确定商品的市场定位。

（3）分析目标消费人群。

（4）确定广告营销策略。

2. 实训准备

首先，小杰需要了解笔记本电脑的市场环境，可以使用网络调查法调研，在搜索引擎中搜索近年的笔记本电脑市场信息，配合百度指数和调查问卷，了解笔记本电脑需求情况，然后选择合适的商品定位。其次，通过分析竞品的消费者心理，确定本商品的目标消费群体。最后，根据调研结果选择合适的广告营销策略。

3. 实训步骤

推广笔记本电脑前的文案写作准备的操作思路如下。

（1）利用搜索引擎了解市场环境。利用网络搜索，由集微咨询、前瞻产业研究院等发布的相关报告可知，2019—2021年全球笔记本电脑出货量都保持增长趋势，2021年全球笔记本电脑出货量甚至达到创纪录的2.62亿台。虽然2022年受国际形势等多方面因素影响，笔记本电脑市场预期降低，市场持续下行，但我国笔记本电脑渗透率较发达国家低，这反映出我国仍存在明显的提高渗透率的机会，笔记本电脑市场空间仍然很大。

（2）利用百度指数了解市场需求。进入百度指数，搜索"笔记本电脑"，在结果页中分别查看趋势研究、需求图谱和人群画像，如图2-27所示（完整数据扫描右侧二维码查看）。从图2-27中可以看出全网笔记本电脑搜索指数整体较高，波动较小，这说明笔记本电脑有一定的市场需求。

百度指数（笔记本电脑数据）

（3）设计调查问卷了解市场需求。小杰打算从消费者购买偏好、购买行为的角度，制作调查问卷并发放给消费者，了解其对笔记本电脑及营销渠道的喜好，从而有针对性地制定营销策略。最终设计的调查问卷如图2-28所示。

详细调查问卷

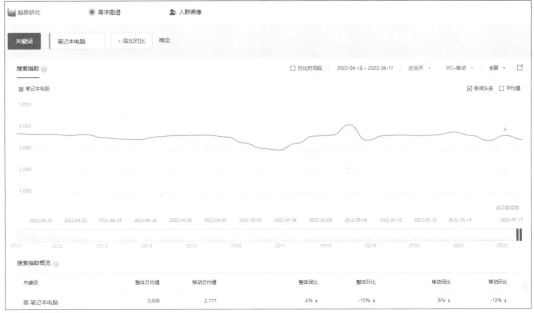

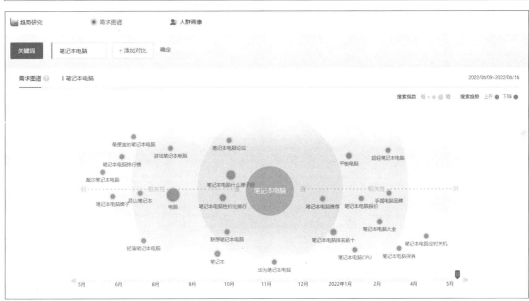

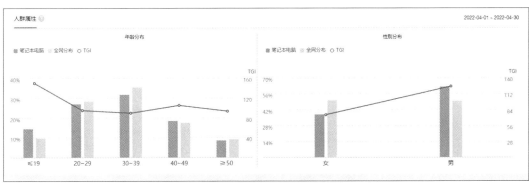

图2-27｜查看趋势研究、需求图谱和人群画像

056

*1. 您的性别是？
- ○ 男
- ○ 女

*2. 您的年龄是？
- ○ 20岁及以下
- ○ 21岁–30岁
- ○ 31岁–40岁
- ○ 41岁–60岁
- ○ 61岁及以上

*3. 您的职业是？
- [_____]

*4. 您的收入是？
- ○ 暂时没有收入
- ○ 3000元以下
- ○ 3000元–5000元（不含）

- ○ 5000元–8000元（不含）
- ○ 8000元–10000元（不含）
- ○ 10000元–20000元（不含）
- ○ 20000元及以上

*5. 买笔记本电脑时，您更倾向于购买什么价位的？
- ○ 3000元以下
- ○ 3000元–4000元（不含）
- ○ 4000元–5000元（不含）
- ○ 5000元–7000元（不含）
- ○ 7000元及以上

*6. 目前市场上您知道哪些笔记本电脑品牌？【多选题】
- ☐ 苹果
- ☐ 联想
- ☐ 戴尔
- ☐ 宏碁
- ☐ 惠普
- ☐ 华硕

- ☐ 其他

7. 您觉得笔记本电脑是必需品吗？
- ○ 是
- ○ 否

8. 您是否拥有自己的笔记本电脑？
- ○ 是
- ○ 否

9. 您现在使用的是什么笔记本电脑？
- ○ 苹果
- ○ 联想
- ○ 戴尔
- ○ 宏碁
- ○ 惠普
- ○ 华硕
- ○ 其他

*10. 您只喜欢购买一定知名度的品牌笔记本电脑？
- ○ 是
- ○ 否

*11. 您一开始为什么要买这台笔记本电脑？
- ○ 学习
- ○ 娱乐
- ○ 工作
- ○ 打发时间
- ○ 其他

*12. 您在购买笔记本电脑时比较注重哪几个方面？
- ☐ 价格
- ☐ 品牌
- ☐ 性能配置
- ☐ 外观设计
- ☐ 寿命
- ☐ 售后服务
- ☐ 其他 [_____]

*13. 您认为更换笔记本电脑的合理频率是？
- ○ 不到一年
- ○ 一到三年
- ○ 三到五年
- ○ 五年以上
- ○ 坏了就换

*14. 如果您选择购买笔记本电脑，会购买什么品牌？
- ○ 联想
- ○ 惠普
- ○ 华为
- ○ 戴尔
- ○ 华硕
- ○ 苹果
- ○ 小米
- ○ 其他

*15. 您选择它的原因是什么？【多选题】
- ☐ 价性比高
- ☐ 外形好看
- ☐ 性能好
- ☐ 熟悉这个品牌
- ☐ 尝试新的品牌
- ☐ 随便买的
- ☐ 其他

*16. 您更喜欢什么颜色的笔记本电脑？
- ○ 黑色
- ○ 白色
- ○ 灰色
- ○ 红色
- ○ 对颜色没有要求
- ○ 其他

*17. 您在购买前，会通过哪些渠道了解笔记本电脑？
- ☐ 实体店询问
- ☐ 向朋友了解
- ☐ 查阅书刊
- ☐ 网络平台

*18. 您更倾向于哪种方式购买笔记本电脑？ 【多选题】
- ☐ 实体店
- ☐ 网络购物
- ☐ 其他

*19. 您平均每天使用笔记本电脑的时间是？
- ○ 2小时以下
- ○ 2-3小时（不含）
- ○ 3-5小时
- ○ 5小时以上

*20. 您购买笔记本电脑主要用于？【多选题】
- ☐ 学习
- ☐ 游戏
- ☐ 搜索资料
- ☐ 听音乐
- ☐ 看视频
- ☐ 工作使用

图2-28 | 调查问卷

（4）确定商品的市场定位。根据调查结果，小杰不打算定位于价格竞争优势，而是统一企业定位与消费者需求定位，计划从消费者关注的性能和品牌力等入手。

（5）分析目标消费人群。小杰根据搜索调研结果，选择了两个竞品品牌，分别获取了竞品品牌的消费者评价，如图 2-29 所示。综合整体调研结果和消费者的使用体验来看，笔记本电脑的消费者购买心理大同小异。总体来看，消费者看重笔记本电脑的操作流畅度、性能和外观，同时要求实惠。小杰认为可以利用实惠心理来做文案宣传。

 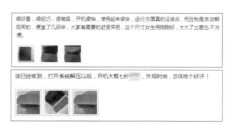

图2-29｜竞品品牌的消费者评价

（6）确定广告营销策略。最终小杰打算在消费者感兴趣的电子商务平台、微博、微信等渠道推广商品，以信息流广告、App 开屏广告和直播广告的形式营销，并提供购买优惠，如赠送鼠标等，文案注重体现实惠、配置高、性能好、颜色选择多等，以吸引消费者购买。

 巩固与练习

1. 选择题

（1）商品颜色、尺码等属于商品属性分类中的（　　　）。

  A. 关键属性   B. 销售属性

  C. 文化属性   D. 其他属性

（2）商品市场定位的方法不包括（　　　）。

  A. 按企业意愿定位   B. 按生产商的要求定位

  C. 按消费者需求定位   D. 价格竞争优势定位

（3）[多选]消费者的购买意向主要受（　　　）因素的影响。

  A. 环境因素   B. 商品因素

  C. 消费者个人及心理因素   D. 卖家地址

（4）消费者非常关注商品欣赏价值或艺术价值，这代表消费者主要受（　　　）影响。

  A. 实惠心理   B. 崇美心理

  C. 从众心理   D. 习惯心理

2. 简答题

（1）文案写作前可以通过哪些方法分析市场？

（2）文案要满足求异心理的消费者，应该着重体现什么？

（3）如何确定广告策略？

058

3. 材料题

图 2-30 所示为某商品的详细信息及消费者评价，请根据提供的材料回答下面的问题。

图2-30｜某商品的详细信息及消费者评价

（1）该商品的消费者具备怎样的购物心理？其特点是什么？

（2）根据这种心理，你会如何设计商品海报文案，谈谈你的思路。

3

电子商务
文案撰写攻略

学习目标

【知识目标】

　了解电子商务文案策划与写作的步骤。

　熟悉电子商务文案写作的基本模式。

　掌握电子商务文案标题与正文的写作方法。

　掌握提升电子商务文案视觉呈现效果的方法。

【能力目标】

　能够根据电子商务文案的写作步骤顺利写作文案。

　能够使电子商务文案呈现较好的视觉效果。

【素质目标】

　具有一定的创新意识和创意思维，文案创作具有一定的想象力。

　诚实守信，尊重原创，自觉维护自己与他人的权益。

引导案例

　　中秋节是我国的传统节日之一，是象征人们阖家团圆的节日，寄托着人们思念故乡与亲人之情，在中秋节有赏月、吃月饼等民俗。

　　但在这样的日子里，一群大山深处的孩子不能与亲人团聚。每逢佳节倍思亲，为了体现小米热心公益、关注教育发展的企业担当，中秋节前夕，小米联合美丽中国支教项目发起"大山里的童画"公益项目，向云南地区6所小学捐献了小米平板5作为孩子们美术课上的教具，让孩子们可以使用小米平板作画，尽情发挥想象力。图3-1所示为"大山里的童画"海报文案，该文案以孩子们使用小米平板5作画的画

060　面为内容，搭配"我们跨越山海，只为让创造力自由生长。""昨天下过雨，我想爬上彩虹去妈妈那里。""球场上不光要有球门，还要有绿草和伙伴"等文案，既表达了小米关注儿童教育，又有助于小米平板5的推广，该海报也成为小米的中秋预热海报。

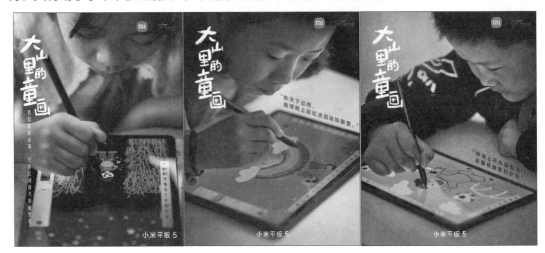

图3-1 | 小米"大山里的童画"海报文案

　　不仅如此，小米还为这些孩子的亲人送上了一份特殊的定制礼盒，将孩子们的画印刷在专属的月饼礼盒上，送给孩子们的亲人，让爱和思念可以跨越山河，抵达亲人身边。小米平板5作为孩子们通过绘画向亲人传递团圆心愿的桥梁，将双方的心连接在一起。2021年9月21日，小米正式发布"大山里的童画"宣传视频与中秋宣传海报。图3-2所示为小米"大山里的童画"中秋海报。

图3-2 | 小米"大山里的童画"中秋海报

　　"生活五味杂陈，想起孩子就很甜。""努力让别人吃好饭，也为了儿子好好吃饭。""孩子的一幅画，抵过心里的万千苦话。"等文案，既宣传了公益，传达了小米对我国教育事业的关注与责任担当，有助于提升品牌形象，又通过简短的话语，传递了亲人之间的暖心温情。小米通过微博发布文案，与网友形成良好互动。

作为一家专注于智能硬件与电子产品研发的企业，小米不断推出各种科技产品，改变人们的生活，同时，小米也利用文案，向人们表达了做一个有温度的互联网公司的品牌理念。这次中秋节公益项目文案，传达了小米对山区儿童教育的关注，以及用科技让人们的情感相连接的人文关怀，触动了消费者内心，这对于推广商品及提升小米企业的形象有较大帮助。

文案是帮助推广商品、传达品牌理念、提升品牌形象的重要工具。文案类型多样，写法也各有不同，而策划并撰写出高质量的文案是电子商务文案人员需要考虑的重点。下面将立足电子商务文案的整体写作，介绍电子商务文案策划与写作的步骤，写作的基本模式、标题、正文的写作方法，以及文案的视觉呈现等内容，帮助电子商务文案人员快速掌握文案写作的方法，写出具有一定吸引力的文案。

3.1 电子商务文案策划与写作的步骤

有些电子商务文案人员在接到文案写作任务时会根据商品、企业的相关材料及借鉴一些经典案例直接写作，抑或漫无目的地搜集资料，这样写出来的文案很难打动消费者。电子商务文案的写作并不是简单的字词组合，其背后是一套有始有终、全面周到的营销思维，电子商务文案人员如果能够掌握正确的写作步骤，就能写出一篇语言流畅、结构清晰、逻辑严密并且能匹配消费者需求的电子商务文案。

3.1.1 明确写作目的

文案写作一般都带有一定的目的性。例如，有的文案是为了提高商品销量，有的是为了宣传企业或品牌，有的是为了推广新品，有的是为了宣传活动，有的是为了进行品牌公关，有的是为了引起互动等。文案写作目的不同，具体写法也有较大区别。因此，在写作时电子商务文案人员要有针对性地输出内容，这样才能写出消费者感兴趣的内容。

在不同目的的驱使下，电子商务文案人员可参考以下思路去组织内容，如图3-3所示，使得文案的侧重点各有不同。

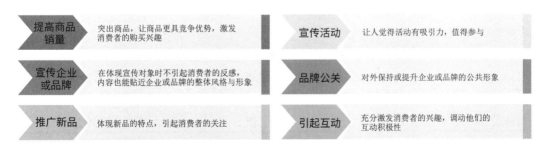

图3-3 | 不同写作目的对应的文案的思路

图 3-4 所示为一家淘宝网店年货节促销活动的微博文案，文案中包含了各种活动信息，包括活动时间，以及满减、领券、满送等活动内容，并将活动优惠一一列举了出来，着重体现活动力度很大，活动具有吸引力，这是明显的以宣传活动为目的的文案。图 3-5 所示是某咖啡品牌发布的新品推广文案，文案中"春季限定新品"以及对新品口味的描述等深刻地揭示了这一点，希望消费者品尝新品的写作目的一目了然。

图3-4 | 以宣传活动为目的的文案

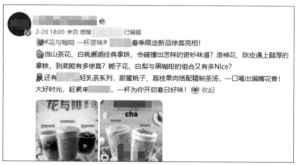

图3-5 | 以推广新品为目的的文案

3.1.2 拓展创意思维

文案写作中电子商务文案人员常需要创意性的思考方法，如发散思维、聚合思维、逆向思维等。通过这些方法，电子商务文案人员可以提升创意生产能力，写出条理清晰的创意性文案，吸引更多消费者的目光，从而获得更大的收益。

1. 发散思维

发散思维亦称扩散思维、辐射思维，是指在解决问题的过程中，从已有的信息出发，尽可能向各个方向扩展，不受已知或现存的方式、方法、规则和范畴的约束，并且从这种扩散、辐射和求异式的思考中，求得多种不同的解决办法，衍生出不同的新的设想、答案或方法的思维方式。

进行发散思维需要有充足的想象力。以曲别针为例，一般从它的作用出发展开想象，它可以用来装订书页、固定衣服；运用发散思维进行联想，它还可以用来当手机支架、钥匙扣、临时鱼钩，别在两个拉链之间防裂开，挂日历、挂窗帘，扭成心形做装饰等；也可从材质分析，它可制成弹簧等。善于运用发散思维，可以丰富商品本身的文化内涵，给电子商务文案人员更多选择的空间，使文案内容变得更加丰富和充满吸引力。

2. 聚合思维

聚合思维又称求同思维、集中思维、辐合思维和收敛思维，是指从已知信息中产生逻辑结论，从现有资料中寻求正确答案的一种有方向、有条理的思维方式。它与发散思维正好相反，是一种异中求同、由外向里的思维方式。聚合思维体现在文案中，就是在众多的信息里找出关键点，由此打造核心卖点，从而达到一击即中的目的。

例如，对某款电子阅读器而言，其商品信息包括：连续10年销量持续增长；采用柔性屏，更轻更贵；采用墨水屏，保护眼睛；支持指纹解锁；外观大方；搭载安卓11系统，高通8核662，6+128GB存储；可以装很多软件，好用流畅；价格优惠；可额外再送好礼（如贴膜、充电器、180天碎屏险等）等。其商品海报文案则重点突出"平板性能，业内珠峰"，如图3-6所示，聚焦商品的性能和配置，这其实是对其功能的提炼与取舍，这种就是聚合思维的体现。

图3-6｜商品海报文案

3. 逆向思维

逆向思维也叫求异思维，是对人们几乎已有定论的或已有某种思考习惯的事物或观点进行反向思考的一种思维方式。逆向思维即"反其道而思之"，从问题的相反面进行探索，找出新创意与新想法。

例如，在不少年轻人都接受甚至认同一些职场规则的情况下，钉钉联合上海地铁推出"新工作方式"专列，以打破身份规范、挑战职场原有规则为立足点，推出车票形式的反对所谓"职场规则"系列文案，以反对"让资历老的先升职，年轻人有的是机会""不接受996就是吃不了苦"等观点，引起了众多年轻人的共鸣，体现了新时代协同办公平台的态度，符合品牌定位。图3-7所示为钉钉"新工作方式"文案。

一些电子商务文案人员在写作文案标题时也会使用逆向思维。例如，常规的推广商品的标题会说明"平价好用，赶快购买"，而运用逆向思维，则会使用"我后悔了""千万不要"等，如"买了这款水乳之后我真的太后悔了"，实际想说明是后悔买太晚了，这样的标题不仅让消费者感到很好奇，能够提高文案的点击率，还会加深消费者对文案的印象，这就是逆向思维的效果。

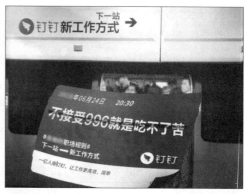

图3-7 | 钉钉"新工作方式"文案

电子商务文案人员通过以上方法拓展思维后，在匹配消费者需求的基础上，找到合理的切入点，才能进入文案策划与写作的下一步——确定写作主题，写出诉求明确的文案内容，使文案标新立异、出奇制胜，在消费者心中留下深刻印象。

3.1.3　确定写作主题

　　确定文案的写作目的可以助力电子商务文案人员明确文案写作方向，但在正式写作之前，还应当确定一个明确的主题，用以发散创意，提炼文案内容。电子商务文案人员若随意按照自己的喜好和思路来写作，就会使文案变成一堆散沙，没有突出的重点，也就无法吸引消费者。同时，没有主题的文案也容易变成自娱自乐型的文案，既不能达到好的营销效果，又不利于提高电子商务文案人员的写作水平。

　　电子商务文案人员在写作文案前需要明确的一点是，写作主题贯穿整个文案创作过程，统领文案策划和创作的方向。主题对文案的最终呈现效果有很大的影响，对内能影响文案的撰写、传播和投放；对外还担当着传播者的角色，消费者通过文案透露出的主题能够知晓宣传推广的重点信息。可以说，文案写作的目的就是传达商品、服务或品牌的某种信息，这种信息就是文案所要表达的主题，如商品卖点、促销优惠、企业精神、品牌理念等。

　　例如，一篇推广文案的目的是让消费者在9月4日参与抢购活动，因此文案以"巅峰24小时"为主题，如图3-8所示，号召消费者动手描绘理想的潮流生活，引起他们的参与欲望，同时搭配艺人的推广视频，增强文案内容的说服力和吸引力。

图3-8 | 有明确的写作目的和主题的推广文案

3.1.4　明确表达方式

明确文案的写作目的和主题后，电子商务文案人员可根据创作方向选择一种合适的表达方式进行文案创作。文案的目的是通过信息的传递创造商品或品牌价值，因此最终呈现的文案应该能够让消费者对文案主题产生新的认知，这不仅要求电子商务文案人员必须具备写作文案的基本能力，还要求电子商务文案人员掌握文案的具体表达方式。文案的表达方式主要包括实力型、暗示型、动机型和理想型等。

1. 实力型

实力型表达方式是指直接以商品或服务的过硬功能、性能、质量等为表达重点，给消费者留下"人无我有，人有我精"的印象，注重体现商品或服务的核心竞争力的表达方式。图 3-9 所示为某出版社发布特装本的实力型文案，滚金书口和双向美绘体现了该书在装帧设计上的过硬实力。

2. 暗示型

暗示型表达方式指不直接说明主题思想，而用暗示的方式让消费者意会文案真实意图的表达方式。这种表达方式比较适合以创意为主的文案内容，不建议商品上新、活动推广时使用，其可以用于企业理念、品牌精神等文案的撰写，以加强消费者对文案内容的认同。

图3-9 | 实力型文案

图 3-10 所示为某运动品牌在奥运会期间发布的暗示型文案，其以"活出你的伟大"为主题，围绕主题输出关于伟大的描述，这些话既是对取得优异成绩的运动员的赞扬，也是对未取得理想成绩的运动员的支持与鼓励，传达了一种伟大不单以"成绩"而论，更重要的是过程、努力与实践的态度。事实上，品牌也是在告诉消费者，伟大并不属于少数人，每个人都可以伟大。该文案不仅拉近了奥运赛事与消费者的距离，还十分贴合品牌的定位。

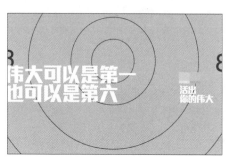

图3-10 | 暗示型文案

3. 动机型

动机型表达方式是将商品的价值融入文案写作的具体场景中，通过文案描述的场景给消费者一个具象化的理由，激发消费者的购买欲望，从而提升商品的竞争优势，提高商品转化率的表达方式。动机型文案的重点是站在消费者的角度思考什么能够激发他们的购买欲望。

例如，某体重秤在商品详情页文案中提供了展示测算体重和平衡能力的场景，体现了该体重秤的高精度测算功能，这容易激发看重身体数据全面性和高精准度的消费者的购买欲望，其文案如图 3-11 所示。

图3-11 | 动机型文案

4. 理想型

理想型表达方式是指通过塑造高大、愿景类的目标，激发消费者产生共鸣的表达方式。这种表达方式比较适合具有一定知名度的企业或品牌，主要从精神层面来体现与竞争对手的差距。

例如，华为的企业愿景是将数字世界带入每个人、每个家庭、每个组织，构建万物互联的智能世界。而相比年轻人，老年人在熟练使用智能手机与物联网方面有较大的困难。为助力更多人使用华为智能设备，华为编写《送给爸妈的手机使用指南》，并启动 TECH4ALL 数字包容计划，探讨如何发挥技术优势以应对教育、环境等领域普遍存在的挑战，不让任何一个人在数字世界中掉队。华为推出的对应宣传片则以《A Million Dreams》歌曲为主要文案，借助动画形式，总结了华为 TECH4ALL 数字包容计划在教育、医疗、环保等方面的成果，以及让人人平等享有数字资源，不让任何人在数字世界中掉队的期望。

专家指导

　　文案的表达方式多种多样，这里只介绍了几种比较有代表性的表达方式，电子商务文案人员在文案策划的过程中可通过多种表达方式与写作手法来增强文案内容对消费者的吸引力，如加入热点、使用修辞手法等。

3.2　电子商务文案写作的基本模式

　　现在市场中的电子商务文案多如牛毛，但这些文案的质量各有不同，如何创作出尽可能多的高质量的文案，是许多电子商务文案人员头疼的问题。对商品、市场、消费者等的了解是写文案的基础储备，而要想高效地创作出质量更好的文案，则需要了解文案写作的基本模式。

3.2.1　元素组合法

　　著名广告人詹姆斯·韦伯·扬说过："创意就是旧元素的新组合。"旧元素可以让人有熟悉感，新组合又能让人产生陌生感。这种让消费者既熟悉又陌生的体验可以带给对方惊喜，从而引发传播。因此，在策划与写作文案时，电子商务文案人员可以使用元素组合法，通过组合不同元素来生成文案内容。

　　例如，某洗发水品牌曾经将其洗发水与经典艺术作品《蒙娜丽莎》组合起来设计文案，两个元素都是人们熟知的旧元素，但组合起来之后，品牌对蒙娜丽莎的秀发做了重新设计，并在文案中展示洗发水修复干枯、粗糙、老化发丝，使秀发变得柔顺丝滑的卖点，引起了不少消费者的兴趣和好感。

　　现在许多电子商务广告就采用了元素组合法，组合了不同的主题、设定、剧情、场景等元素。例如，某食品品牌的炒面套餐推出的视频广告《炒面靓汤重新在一起》，组合了不同影视剧人物形象、苦情剧情等元素，讲述了"吃炒面"和"喝靓汤"历经重重考验终于在一起的故事，体现了炒面要配靓汤的新卖点，并借助搞怪剧情与歌词文案，使消费者对该卖点留下深刻印象。

专家指导

　　电子商务文案人员也可以通过分解广告来分析广告中组合运用的不同元素，为自己的文案创作寻找灵感。

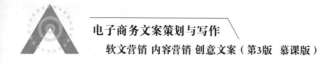

3.2.2 头脑风暴法

头脑风暴法是由现代创造学奠基人亚历克斯·奥斯本提出的一种创造能力的集体训练法，是一种通过小型的组织形式诱发集体智慧，相互启发灵感，最终产生创造性思维的程序法。它鼓励人们打破常规思维，无拘束地思考问题，从而在短时间内产生大量的灵感，甚至获得意想不到的收获。许多优秀的广告文案都在运用头脑风暴法的过程中诞生，因此电子商务文案人员可以按照头脑风暴法的模式来策划与写作文案。

1. 头脑风暴法的基本原则

头脑风暴法是围绕一个特定的主题，多人参与会议，并无限制地自由联想与讨论，进而生成文案整体方案的方法。为了保证讨论结果，使活动顺利进行，与会者通常需遵循以下原则。

（1）自由畅想。与会者应尽可能地说出想到的任何意见，不要害怕意见不被采纳，就问题各抒己见，自由发言。

（2）以量求质。头脑风暴法不要求一步到位，得出解决方案，通常设想与意见越多，就越容易产生互激效应，最后产出好的文案内容。因此看法越多越好，主要着重于看法的数量，而不是质量。

（3）见解无专利。见解无专利是产生互激效应的基础。与会者除了提出自己的意见，还可以鼓励其他与会者对自己提出的设想进行补充、改进，并产生不同的设想，不必担心自己的设想被他人抢走或抢走了他人的设想。

（4）延迟评判。不要在思考的过程中评价其他与会者想法。一旦产生批评，就很可能造成其他与会者不敢提建议的情况，最后无法产出文案创意。

2. 头脑风暴法的操作流程

采用头脑风暴法组织群体讨论时，通常会召开一个会议。头脑风暴法的操作流程如下。

（1）准备阶段。明确会议主题和与会者人数，确保所有人都提前了解会议主题与相关规则，方便与会者提前做好准备。同时确定会议的主持人与记录者，前者引导头脑风暴顺利进行并营造良好气氛，后者记录与会者发表的意见，便于会后总结。

（2）发散畅谈阶段。与会者围绕主题畅所欲言，提出各自的设想，并相互启发、相互补充，尽可能做到知无不言、言无不尽。例如，与会者可以根据主题提出各种关键词，再对关键词进行组合搭配与联想，然后确定文案风格，进一步理解主题，或不停换场景设想主题，直到与会者都无法再提出设想时，该阶段结束。

（3）评选总结阶段。与会者将所有的文案设想全部汇总分类，并分析这些设想的可行性，然后得出这些设想是否可取，若不可取，是否可以优化。当然，在此过程中也可能有新的可行设想出现。最后需选出其中最受大家认可、最合理的方案，如果没能形成令人满意的方案，可再进行畅谈。

专家指导

在畅谈阶段，与会者可以针对主题采用 5W1H 法思考，即 What（该事物是什么）、Who（使用的主体是谁）、Where（在哪里使用）、Why（为什么会选择使用它）、When（在什么时间点使用）、How（使用效果如何），得出关于文案的更多设想或关键词。另外，还可以结合微博热搜排行榜、百度热榜等获取与补充关键词，为文案的创意设想提供更多选择。

3.2.3 九宫格思考法

九宫格思考法是一种有助于扩散思维的思考方法，利用九宫格，将主题写在中央，然后把由主题所引发的各种想法或联想写在其余位置。九宫格思考法有助于电子商务文案人员梳理想法、理清文案写作的思路，是很多人常用的文案策划与写作方法。

1. 九宫格思考法的操作步骤

九宫格思考法的操作步骤如下。

（1）拿出一张白纸，先画一个正方形，然后用笔将其分割成 9 个格子，再将主题（商品名等）写在正中间的格子内。

（2）将与主题相关的、可促进商品销售的众多卖点写在旁边的 8 个格子内，尽量用直觉思考。

（3）反复思考、自我辩证，查看写出的卖点是否必要、明确，内容是否有重合，据此进行修改，一直修改到满意为止。若想法很多或某个卖点还可以延伸，则可以多用两张纸，写完后再去粗取精。

2. 填写九宫格的方法与注意事项

九宫格的填写方法有两种：一种是以中央为起点，顺时针填写，将要点按想到的顺序填写进去，以帮助电子商务文案人员了解写作需求的重要程度；另一种是随意填写，以帮助电子商务文案人员充分发散思维，产生文案写作的灵感。

在填写过程中，电子商务文案人员还要注意以下问题。

（1）方格填不满，可能需要再打开思路；若方格不够填，可多填几个九宫格，根据主次做取舍，形成一个九宫格。

（2）对九宫格中的卖点进一步细分，继续写出多个九宫格，这样一直扩展，可以得到非常详细的文案内容。

专家指导

在写作文案的时候，九宫格中的卖点不需要都体现在文案里，而是需要根据文案类型做选择，如海报文案需要的卖点就很少，但商品详情页文案或长文章中，则需要多体现卖点。

图 3-12 所示为通过九宫格思考法整理的关于某医学类儿童科普绘本丛书的卖点。这些卖点就可以选择性地融入文案中，形成一篇多卖点、对消费者吸引力强的文案。

专家指导	绘图精美	内容浅显易懂
拉近亲子关系	儿童科普绘本丛书	学习医学常识
培养儿童阅读习惯	促进儿童想象力	故事性强

图3-12 | 九宫格思考法使用示例

电子商务文案人员将通过九宫格思考法整理出的卖点一一分析出来，再与市场上的其他文案进行对比后，就能写出一篇优秀的文案。

3.2.4 五步创意法

五步创意法是由著名广告人詹姆斯·韦伯·扬创造出来的，顾名思义，它分为 5 个步骤来完成文案的构思与设计。

（1）收集原始资料。原始资料分为一般资料和特定资料。一般资料是指人们日常生活中所见、所闻和感兴趣的事实；特定资料是与商品或服务有关的各种资料。要获得有创意的、理想的文案，原始资料必须丰富。

（2）内心消化。这一步需要电子商务文案人员思考和检查原始资料，并对所收集的资料进行理解，将其转化为自己对文案内容的创意储备。

（3）放弃拼图，放松自己。这一步不需要电子商务文案人员思考任何有关问题，一切顺其自然。

（4）创意出现。如果电子商务文案人员认真踏实、尽心尽力地做了上述 3 个步骤，创意会自然而然地出现，即充满创意的文案时常会在没有任何先兆的情况下闪现。换言之，充满创意的文案往往是在人们竭尽心力、停止有意识地思考，并经过休息与放松后出现的。

（5）修正创意。一个新的构想不一定很成熟，它通常需要经过加工或改造才能适应现实的需求。因此，电子商务文案人员需要对完成的文案创意进行评价和修改，使最后形成的文案内容更具有针对性。

3.2.5　金字塔原理法

金字塔原理法是一项具有层次性、结构化的思考、沟通技术，可以用于结构化的写作过程。金字塔原理法是对写作思想的逻辑阐述，它既可以用以体现一种纵向的关系，也可以用以体现一种横向的关系，还可以用以体现从上往下的结构层次关系，以及论点与论据之间的关系——一个论点有几个论据支撑，每个论据下还可以有支撑它的多个论据，就这样形成一个金字塔结构。这样的结构有利于电子商务文案人员快速明白并找准文案的主题和中心论点。

每一篇文案都有其独特的主题，针对某一主题设下论点，论点下又有层层论据支持，使论点有理有据。金字塔原理结构如图 3-13 所示。

电子商务文案人员在明确文案主题后，则可以通过金字塔原理结构梳理文案内容。以一款羽

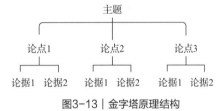

图3-13 | 金字塔原理结构

绒服为例，梳理其金字塔原理结构。其主题是"保暖又时尚"，论点 1 是"属性"，论点 2 是"设计"，论点 3 是"材质"，再分别根据各论点列出论据。以论点 2 "设计"为例，其论据有"可拆卸帽子""立领设计"等。在这样的结构中，要求论点不能重复，论据之间相互独立。

该结构运用在文案中有两种表现：若是短文案，其结构就为总分关系；若是长文案，其结构则为总分总关系，即在结尾处比短文案多了一个对卖点的总结与强调，以加深目标消费者的记忆。

专家指导

金字塔原理结构的纵向关系是一种回答式或疑问式结构，能够很好地吸引消费者的注意力，使消费者带着极大的兴趣了解该思维的发展，并引导消费者按照其展示的思想做出符合逻辑的思考。其横向关系则以演绎推理和归纳推理的方式回答消费者的问题，使下一层的表述能够回答上一个结构层次中的表述所引起的疑问，由这样的逻辑关系组成的金字塔原理结构的主题思想更易被消费者理解。

3.3　电子商务文案的标题写作

电子商务环境下，消费者掌握着信息的浏览主动权，他们会选择浏览自己感兴趣的信息。消费者在浏览信息时，最先看到的就是标题。因此，电子商务文案人员要在熟悉电子商务文案策划与写作步骤与模式的基础上，掌握文案标题的写作方法。标题如果具有吸引力，就会吸引消费者的注意力，进而使消费者对文案内容产生阅读兴趣，增加文案的点击

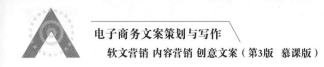

072　　量，最终达到宣传推广的目的。

3.3.1　标题在电子商务文案中的作用

标题可以说是文案的"敲门砖"，一则成功的文案标题必然能够快速吸引消费者的目光，提高文案的点击率等。总体而言，标题在电子商务文案中可以起到吸引注意力、筛选消费者、传达完整信息、引导阅读正文等方面的作用。

1. 吸引注意力

无论是哪种形式的文案，人们看到标题的第一眼就会迅速分析文案与自己有无关联，它提供了什么新信息、能带来哪些好处等。文案凭借第一印象来赢得消费者的注意力，正如广告撰稿人约翰·卡普斯所说的那样：最出色的标题，能够关照消费者的自身利益或提供新信息。因此，电子商务文案人员在考虑增强标题吸引力时，可从以下3方面入手。

- **提供给消费者好处** | 标题中要体现出消费者能够获得的好处，或帮助消费者解决某些疑难问题，如"帮助孩子击败蛀牙""【17会员日】生蚝免费无数量限制随便吃，这次有点'蚝'"等标题就将消费者可以获得的好处明确地表达出来了。

- **提供优惠感** | 商品或服务的价格优惠、超值活动等是消费者比较感兴趣的内容，在标题中体现出高性价比或优惠信息，可以快速激起消费者的购物欲望，提高点击率。"免费""折扣"等关键性词语常用来提升表达内容的优惠感，吸引消费者的注意力，如"免费领取黄桃罐头、抽纸整箱""5斤红富士苹果、40颗百香果仅售39.9元"。

- **提供新消息** | 新消息总能引起人的好奇心与注意力，如"2月27日21:30，华为智慧办公春季发布会，精彩上演""新春福利提前送啦"。"发现""全新""惊现""创新""预售"等都是表现"新"的常用词语，在标题中添加这些词语会让标题更有吸引力，消费者也更容易因为好奇心而产生点击行为。

> **专家指导**
>
> 上述都是直接关系到消费者本身的标题拟定方法。电子商务文案人员还可通过借势来获取关注，如借助时事热点、流行词汇等，因为这些信息本身就自带热度与流量，将其加到文案中可以快速吸引消费者的注意力。

2. 筛选消费者

在写作文案标题时，要针对消费者来设置标题。例如，标题"制作出醇香松软的蛋糕有哪些诀窍"，针对的消费者是蛋糕制作爱好者，感兴趣的消费者自然会点开。这样设置标题，不仅能帮助消费者节约时间，还能筛选出文案对应的消费者。又如，为一款老花眼镜做微信营销，标题设置为"戴上它，还你清晰视界"，从标题中可以看出具体的营销商品，但针对的消费者不明确，只会让消费者以为它是普通的近视眼镜；若将标题改为"老眼昏花？父母因你的选择而改变”，消费者一看就能知道这是针对老年人的老花眼镜，不会对文案标题产生误解。

3. 传达完整信息

传达完整信息是指标题内容要符合正文主题。有些消费者只喜欢看标题，或是没有时间阅读正文，这时，如果标题概括了正文内容，就能达到推销的目的，如一款冷暖气机的标题内容有“为您省下一半的冷气与暖气费”。

4. 引导阅读正文

由于标题的一大作用在于引起消费者阅读正文的兴趣，所以引导消费者阅读文案正文十分重要，这时就需要激发消费者的好奇心，可以利用幽默感、吊胃口、提问的方式，也可以承诺提供奖赏、新消息或有用的信息。例如，某书店微信公众号的文案标题“在这里，打造属于你的‘空中楼阁’”，巧妙地利用“空中楼阁”这个词营造了一种神秘感，勾起消费者的好奇心，并与书籍所代表的纯粹的精神世界相契合，起到了很好的推广效果，使文案点击量大大增加。

3.3.2 常见的电子商务文案标题类型

优秀的文案标题都有一些共同的特性和写作模式，电子商务文案人员掌握这些特性和写作模式可以快速写出具有吸引力的标题，提高标题的点击率。这些标题的写作模式在微博、微信、淘宝、京东等电子商务平台中都是通用的。

1. 直言式标题

直言式标题就是直接点明文案宣传意图的标题，这种标题常开门见山，直接告诉消费者提供了哪些服务或好处，让消费者一看标题就知道文案的主题。此类标题常见于折扣促销活动、商品上新活动。以下为直言式标题的常见示例。

- 2022年数千期外刊资源，期待你的加入！
- 99元即购价值12 800元超值学习大礼包。
- 包包合集 | 春夏的4只好质感新包分享。
- 一年赶一季，碧螺春晓在苏州。
- 给我720分钟，让你听懂古建筑说的话。

2. 提问式标题

提问式标题是用提问的方式来引起消费者的注意，引导他们思考问题并想阅读全文以一探究竟的标题。在写作提问式标题时，要从消费者关心的利益点出发，这样才能引起他们的兴趣。提问方法有很多，如反问、设问、疑问等都是常用的提问方法。以下为提问式标题的常见示例。

- 2亿读者的年度盛典，你喜欢的图书是否入选？
- 评份9分！这部经典动漫做成PPT，到底有多酷？
- 这个品牌在想什么？清仓只要19元！19元！
- 字太少怎么排版？用这招立马让页面变协调！
- 一天中，什么时候洗头好？

3. 警告式标题

警告式标题是通过一种严肃、警示、震慑的语气来说明内容，以起到提醒、警告的作用的标题，常用于事物的特征、功能、作用等属性的内容写作。警告式标题可以给予具有相同症状或有某种担忧的消费者强烈的心理暗示，引起他们内心的共鸣。

需要注意的是，警告式标题可以在一定程度上夸张，但不能扭曲事实，要在陈述某一事实的基础上，以发人深省的内容、严肃深沉的语调给消费者以暗示，使其产生一种危机感，进而忍不住点击标题。以下为警告式标题的常见示例。

- 请注意，这5个充电误区会加速手机报废。
- 别再乱按摩了！赶走腰痛，这个方法超有用，在家就能做。

专家指导

写作警告式标题的关键是密切联系消费者，如在标题中列出消费者经常做的事情、消费者忧虑的事情、消费者想做但没有做的事情等，通过警告的形式给予消费者一种紧迫感和危机感，提高点击率和转化率。

4. 命令式标题

命令式标题包含明确的动词，具有祈使的意味，可以让消费者感觉到重要性和必要性，从而产生点击行为。以下为命令式标题的常见示例。

- 这种食物不要空腹吃！
- 减肥期间，千万别忘了补充这种营养素！
- 这款新品，建议你收藏。
- 别吃水煮菜减肥了！这2种减肥餐好吃又让你瘦得快。
- 别再Ctrl+V！这才是组织结构图的正确画法！

5. 证明式标题

证明式标题就是以见证人的身份阐释商品或品牌的好处，以增强消费者的信任感的标题。见证既可以是自证，也可以是他证。该类型的标题常使用口述的形式来传递信息，语

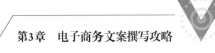

言自然通俗。以下为证明式标题的常见示例。

- 亲测！这可能是我用过最好用的洗面奶！
- 包真的能治百病吗？这些博主以亲身经验告诉你。
- ×××力荐：每天只花1元，让你的思想更高级。

6. 推新式标题

推新式标题是重在体现新消息，较为直白地给消费者传递新的商品信息的标题。其可以用在新商品的上市、旧商品的改良、旧商品的新应用等方面。以下为推新式标题的常见示例。

- 马上营业 | 春日花园和春日新品，都在等你。
- 唇泥做玫瑰？这是你没见过的全新用法！
- 快而稳的×××，来了！
- 今日官宣：×××新成员报到！

7. 悬念式标题

悬念式标题与警告式标题有一点相同之处，即让人感到好奇。但相比于警告式标题，悬念式标题并不给人危机感，其主要在于激发消费者的好奇心，诱发消费者追根究底的心理，从而使对方产生继续阅读的欲望。以下为悬念式标题的常见示例。

- 这种折扣的经典手表，我真没见过。
- ××竟对536只猫做了这件事！
- 暴露年龄系列！你都看过算我输！
- ×××系列文具大赏，看完我都动心了。

3.3.3　电子商务文案标题的撰写技巧

无论是微信公众号文案标题、广告文案标题，还是活动文案标题，在撰写中适当采用一些技巧可以达到事半功倍的效果。常用的标题撰写技巧包括用符号、作比较、借力与借势等。

1. 用符号

符号主要指"！""|""？""【】""/"等符号，这些符号往往带有一定的标志性意义或感情色彩，运用得当可以丰富标题的表现形式和情感内涵。图3-14所示为运用符号的标题，这些符号既可以帮助突出不同文案的类型，点明主旨，又可以创新标题形式，使得标题形式生动，文案内容突出。

图3-14 | 运用符号的标题

专家指导

　　灵活使用符号可以使文案标题更有吸引力，但切记不要乱用符号，以免适得其反。常用标题符号中，省略号表示意思未尽，可以引起消费者的兴趣；感叹号主要用于抒发赞颂、喜悦、愤怒、叹息或惊讶等感情；问号主要起疑问、设问或反问作用，给人留下悬念；破折号表示语气的转变或延续，常用于解释说明。

2．做比较

　　做比较包括将当前事物与同类事物相比，与对立或与之截然不同的事物相比，以及直接使用程度副词做比较等。做比较可以使消费者形成对当前描述对象强烈的认知。尤其是反比时，双方的强烈落差会让描述对象的特点更突出，从而加深消费者对所比较事物的印象。例如，"吃过这枚凤梨酥，其他的都是将就""只要××品牌一半的钱就可以解决你的问题"等就突出了描述对象的高品质或高性价比。

专家指导

　　做比较时要注意，比较的对象应是旗鼓相当的竞争对手，或是具有一定知名度的商品或品牌，这样才能让人信服。

3．借力与借势

　　借力是指利用他人（如政府、专家、社会潮流或新闻媒体）的资源或平台，对自身商品或服务进行推广营销，达到快速销售自身商品或服务的目的。该方法对于没有太多精力投入营销的初创企业或中小企业比较实用，能够快速提高其知名度。

　　借势主要是借助最新的热门事件、新闻，如世界杯、奥运会、热播电视剧和时事热点等，以此为文案标题的创作源头，来引导消费者对文案的关注，提高文案的点击率和转载率。图 3-15 所示的文案标题就是借助当时的热播电视剧《我在他乡挺好的》，勾起消费者的阅读兴趣。借助热点写标题时，一定要注意将热点与标题联系起来，但注意避免过度"蹭"热点而成为一个"标题党"。

我在他乡挺好的｜她的22套穿搭，都挺好看的！

原创　　原来是　　2021-08-04 08:29

图3-15｜借势文案标题

4. 用亮点词汇

亮点词汇可以在第一时间让消费者知道该文案传递的价值，快速吸引消费者的关注。较常用的亮点词汇有"推荐""震惊""妙""当心""警示""神奇"等，这类词语可以使消费者产生共鸣或震撼等。运用亮点词汇的标题如"警示：过夜的××千万不能吃"。

5. 用数字

数字天生带有一种论证性、精确感，在标题中往往代表某种数据或结论，如总结性的数量、销量、折扣、时间、排名等。有时使用数字比文字更有说服力，且给人一种理性归纳和验证可靠的感觉，更容易让消费者记住。例如，"9260亿元！细说中国人过年都把钱花在哪儿了""10个×××隐藏技能，不信你全知道"等，就是运用数字的标题。

图3-16所示为某售书网站发布的文案，其标题中使用数字"2.4折""8000套"充分体现了折扣之低和书销量之高，可以有效吸引消费者的关注。

图3-16｜运用数字的标题

专家指导

　　无论撰写哪一种标题，电子商务文案人员都需要勤加练习，缺乏经验的新手更应该专心磨炼。标题写作是有方法的，这个方法就是基于消费者需求，按上文所讲的技巧，从不同的写作角度出发，或整合多角度，如"数字＋对比""名人／热点＋符号""归纳＋数字＋符号"等，尽量多写一些标题，然后从中挑出合适的标题。大部分人只要经常练习，就能掌握这些技巧，写出吸引人的好标题。

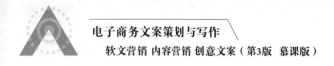

3.4 电子商务文案的正文写作

具有吸引力的标题可以引导消费者浏览文案的正文，若正文也写得符合消费者胃口，则能让消费者接受文案所传达的信息，成为潜在消费者。因此，电子商务文案人员要掌握文案正文的写作方法，包括正文开头、正文内容和正文结尾的具体写作方法。下面分别介绍每部分的写作方法，帮助电子商务文案人员写出有吸引力的正文。

3.4.1 正文开头写作

当消费者因为对标题感兴趣而浏览正文信息时，若发现正文开头平平无奇，就会产生一种受到欺骗的感觉，从而阅读积极性受打击。那么，如何写出一个精彩的开头，留住消费者呢？正文开头的写法很多，电子商务文案人员可参考下面介绍的多种方法来提高写作水平。

1. 开门见山

开门见山就是直截了当，直奔主题，不拖泥带水。这种写作方法要求在文案开头就直接揭示主题或点明文案介绍对象，快速切入文案中心，将文案表达的内容直接介绍给消费者。例如，直接说明文案想要介绍的对象、某商品或服务的好处，或解决某种问题的方法等，可围绕所营销商品或服务本身的功能或特性来展开，同时结合消费者的情况，以引起消费者的共鸣。需注意的是，采用这种方法写开头时，文案的主题必须足够吸引人，否则太过直白的营销信息会使消费者放弃阅读。

图 3-17 所示为开门见山的文案开头，直接说明本文想要介绍的杯子以及介绍杯子的原因，感兴趣的消费者自然会继续浏览。

> 上次给大家分享时就有不少人看上了我的杯子，这期直接一次分享个够！
>
> 这些年我一点点收藏积累下来了不少杯子，有小众设计师品牌、艺术家合作款，还有我特意从国外背回来的。
>
> 杯子控们的福利来啦，包你们看完"种草"一大堆🛒

图3-17 | 开门见山的文案开头

2. 引入热点

热点不仅适用于标题，在正文开头使用也不失为一个吸引消费者注意力的好办法。例如，在推荐服饰时，从最近的红毯活动、电影节入手，分析名人穿搭，再引入想推荐的服饰；在品牌推广时，借助节日、新闻热点等撰写宣传文案等。引入热点的文案阅读量都较高，也很受消费者欢迎，所以电子商务文案人员在写作过程中可以适当地借助热点。一般来说，从微博获取热点比较快，电子商务文案人员可酌情考虑，另外，从今日头条、百度风云榜、天涯社区、搜狗热搜榜、360趋势、知乎等处也可以及时获取信息。

例如，在双十一购物节销售额及热门主播销售额数据在热搜榜上的时候，不少电子商务文案人员借助此事表达消费者对销售数据的贡献，以引起消费者的关注，并借机推广商品。

3. 引用名言

引用名言即在文案开头精心设计一则短小、精练、扣题的句子，使用名人名言、谚语或诗词等，来引领文案的内容，凸显文案的主旨及情感。这是一种既能吸引消费者，又能提高文案可读性的方法。名言本身是对文案内容进行演绎、归纳、解释和论证的结果，具有言简意赅、画龙点睛的作用，也能使消费者更深刻地领会文案主旨。

图 3-18 所示为某图书网站的微信公众号文案，其开头引用了一部作品中描述肖邦的文字，为后文介绍肖邦并推荐该部作品奠定了基础，同时引起了消费者对肖邦故事的好奇。

"虽然无法证明，但我可以断言，就在我写下这篇前言的时候，在半径为50千米的范围内，一定有人正在演奏着或者欣赏着肖邦的音乐……不论是纽约、伦敦、柏林、维也纳、莫斯科还是北京，不论在哪个时区，有太阳照耀的地方，总有肖邦的音乐。"

这句话出自《肖邦：生平与时代》一书的中文版序言。该书被誉为"英语世界一个多

图3-18 | 引用名言的文案开头

4. 塑造故事或情景

文案也可以使用故事或情景开头，故事可以是富有哲理或教育意义的小故事，也可以是与文案所要表达的主旨相关的其他真实故事、传说故事、虚拟故事等，以揭示文案主旨或引出文案主题。情景可以是身边发生的事或某种具体场合。故事和情景往往有剧情氛围，引人入胜，充满趣味，具有强烈的吸引力。

图 3-19 所示为某书籍推荐文案的开头，电子商务文案人员塑造了一个青年阅读小说的故事，能极大地激发消费者对这个青年身份及其所看小说的好奇心，引起消费者的阅读欲望。

许多年前，一位青年计算机工程师翻开一本几经转手、破旧不堪的小说。

书中有一个宏大瑰丽的世界，气势磅礴的银河战争，千年一遇的英雄对决，无不令人热血沸腾。

那位黑发的魔术师，总是端着一杯冒着袅袅热气的红茶，在方寸间运筹帷幄。

那位高傲的金发少年，曾说出一句影响无数人的话："我们的征途是星辰大海。"

书中充满想象力的奇幻世界，给这位青年计算机工程师的科幻梦狠狠添了一把火。也许在一瞬间，他意识到自己要做的，远非当一个普通的工程师。

图3-19 | 塑造故事的文案开头

专家指导

采用故事开头时要注意故事的长短，故事主要起引导的作用，建议尽量选择短小、有趣的故事。若故事太长，可在文案中添加超链接以引导有兴趣的消费者继续阅读。

5. 开头给结论

开头给结论即直接在文案开头给出结论，再在正文内容中给出论据，证明开头的结论。

080　　这种开头的好处是文案中心清晰、观点鲜明，消费者很快就能知道文案所要表达的意思。例如，一篇鼓励阅读的文案《我害怕阅读的人》，开头为"不知何时开始，我害怕阅读的人。就像我们不知道冬天从哪天开始，只会感觉夜的黑越来越漫长。"，在开头就直接下结论，然后在正文内容中再进行论证，文案结构严密，具有说服力，有引导和总结的作用，如图3-20所示。

图3-20 | 开头给结论的文案

6. 内心独白

内心独白即把内心的真实想法表露出来。在移动互联网时代，人与人之间的交流是隔着整个网络的有距离的交流，有时候屏幕上那些独白的文字反而能拉近距离、打动人心。要在文案中写出内心独白，就需要将文案写成类似戏剧性对白或作者的陈述，向消费者道出内心想法或活动。一般来说，人物内心独白会给消费者一种正在亲身经历此种故事的感觉，听起来比较亲切。内心独白被认为是内心活动的真实反映，不掺杂虚伪，所以容易给消费者以情真意切、发自肺腑的印象，引起消费者的共鸣与信任。

图3-21所示为一则视频励志广告《我，三十岁了》的开头部分，其通过人物内心独白的方式讲述了小时候父母对主人公的教诲。

图 3-21 | 内心独白式开头

从我小时候起

你们就告诉我什么都不要怕

妈妈，我怕

不要怕黑

不要怕摔倒

不要怕做自己

不要怕去追寻自己的梦想

现在我就要30岁了，我做了个决定……

该广告的开头向消费者传达出了一种勇往向前、无惧前行、追求自我的信息，在广告一开头就让消费者体会到与主人公相同的感受，激发他们继续观看的欲望。

专家指导

撰写内心独白式文案开头时，需要注意以下3点：一是在人物方面，可一人独白，也可二人相互补充情节；二是在情节方面，可叙述出相对完整的内心历程；三是在氛围方面，语调要娓娓动听且亲切感人。

7. 运用修辞手法

修辞手法有很多，包括排比、比喻、夸张、比拟、反问、设问等。运用修辞手法，可以让文案开头变得更加生动。芝华士的父亲节广告文案示例如下。

因为我已经认识了你一生

因为一辆红色的RUDGE自行车曾经使我成为街上最幸福的男孩

因为你允许我在草坪上玩蟋蟀

因为你的支票本在我的支持下总是很忙碌

…………

不同的文案有不同的开头设计，电子商务文案人员可灵活运用以上的正文开头的写作方法，写出充满吸引力的文案开头。

3.4.2 正文内容写作

经过巧妙的开头引入，正文内容写作就可以不用太过复杂，要用消费者容易理解的方式来传达文案的思路，讲究逻辑性，主要目的是让消费者都能看懂、明白。当然，正文内容写作的方式也有很多种，技巧也有所不同。

082

1. 直接式

直接式就是直接叙述的方式，不拐弯抹角，不故弄玄虚。一般情况下可直接展示商品特点或能带给消费者的好处。例如，"农夫山泉有点甜"，非常直接，让人一目了然。直接式的写作方法还有言简意丰的效果。例如，鸿星尔克"To be No.1"、特步"飞一般的感觉"、联想"人类失去联想，世界将会怎样"等文案，精短直接还一语双关，用简短的文字表达了丰富的内涵。

专家指导

　　运用直接式写法写作长文案时要注意，应直接进入正题、不啰唆，要告诉消费者他们不知道的信息，而不是重复他们知道的，否则会消磨消费者的耐心。第一段尽量简短，内容更要简单易懂，慎玩文字技巧，以免增加阅读障碍。

2. 递进式

递进式即正文中材料与材料间的关系是层层推进、纵深发展的，后面的材料只有建立在前面的材料的基础上才有意义。通常，故事体、对话体文案采用的就是这种结构形式。在递进式写法中，一般中心都在文案后半段，这种写法也表现在故事体文案的写作中。例如，某药业品牌发布的一则主题为"爱是你需要的时候，我在"的视频推广文案，借助9月开学季这个热点话题，以父母目送孩子离去的背影为主题，通过递进式写法打造了一支充满温情与岁月感的暖心视频广告，如图3-22所示。

图3-22 | "爱是你需要的时候，我在"的视频推广文案

3. 并列式

并列式即材料与材料间的关系是并行的，前一段材料与后一段材料位置互换，并不会影响表现文案主题。并列式文案的正文结构就是"特点1+ 特点2+ 特点3……"，分不同段落写不同特点。这种并列式的正文结构能把商品的特点比较清晰、准确地表达出来。

并列式写法常见于商品海报文案和商品详情页文案。图3-23所示为某运动手环详情页并列式文案，其主要是对该商品不同卖点的描述，如商品设计、功能、表盘等，依次列出，使得商品卖点简洁清晰，便于消费者快速浏览。

  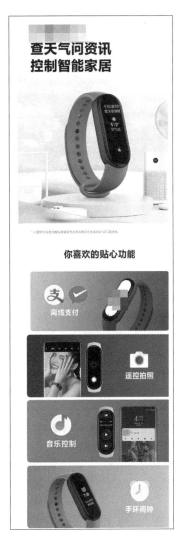

图3-23｜并列式文案

4．三段式

三段式写法比较适合软营销文案的写作，顾名思义将文案分为3段：第一段是用列点的方法或一段话来浓缩全文的销售语言，如商品信息、商品优点等；第二段则是解释销售语言中的卖点或者将销售语言延伸开来，展开描述；第三段是最后一段，主要任务是让消费者马上行动，一般是强化商品某些独特优势，点明商品前面阐述的销售语言或者卖点能给消费者带来什么直接的好处。

在电子商务平台，有些商品详情页文案也会采用三段式写作结构，如图 3-24 所示。该文案第一段是一张介绍商品的海报图，总体概括商品卖点；第二段是对各卖点的详细介绍；第三段是通过阐述 7 天无理由退货及一些常见问题来消除消费者的购买顾虑，从而促成交易。同理，在其他软文文案、长文章中用这样的写法也能达到非常不错的营销效果。

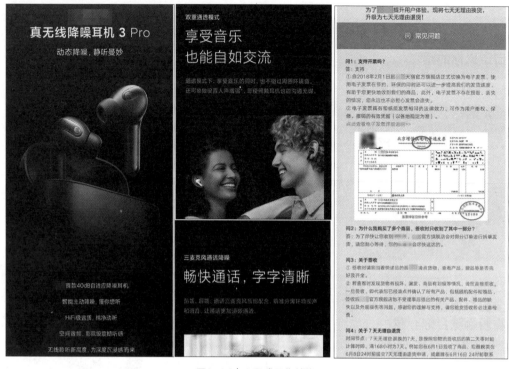

图3-24 | 三段式写作结构

3.4.3 正文结尾写作

文案写作的目的在于刺激消费者，让他们做出某些反应，如二次传播、下单购买、关注账号等。这些目的的达成与文案的结尾有较大关系。正所谓"凤头、猪肚、豹尾"，一个精彩的、画龙点睛的结尾对提升消费者的阅读体验有较大作用。对于电子商务文案而言同样如此，常见的电子商务文案结尾有以下几种。

1. 引导行动式结尾

引导行动式结尾旨在引导消费者做出某种行动，包括传播文案、购买商品、参与话题讨论、留言等。这种结尾方式下可以考虑通过情感、利益等打动对方。例如，评论转发就赠送好礼等，或从消费者感兴趣的话题入手，从而引导消费者产生行动。

图 3-25 所示为某化妆品品牌某篇文案的引导行动式结尾，可有效吸引消费者参与互动，同时吸引消费者关注下一次发布的文案。

2. 点题式结尾

点题式结尾就是在文末总结全文，点明中心的结尾方式。有的文案在开头和中间只对有关问题进行阐述和分析，简单叙述过程，到结尾时，才将意图摆到明面上来。

> 留言区分享你选到的眼影/口红并说说
> **你觉得春天必须拥有的妆备是？**
> 记得点"**赞**"&"**在看**"
> 　　会随机抽取5位幸运　各送出
> 你选取到的春日新眼影或口红1份（色号随机）
>
> **上期推文中奖名单**
>
> P.S.留言即有机会，不仅限于精选的100条
> 获奖者将在下期推文公布

图3-25 | 引导行动式结尾

例如，在《电冰箱再袭击》这篇电冰箱宣传文案中，电子商务文案人员用"你应该感谢冰箱，你的冰箱在夜里静静地填补了你白天的空虚和不满"结尾，将冰箱拟人化，让商品变得有温度，升华了文案主题。

3. 自然式结尾

自然式结尾是指根据文案的描述自然而然地结束，即文末不去设计含义深刻的哲理语句，也不刻意引导或号召消费者行动起来，而是在内容表达完毕之后，写出想要对消费者说的话，并自然而然地结束全文的结尾方式。自然式结尾文案能让消费者感受到文案所要表达的意图，让消费者自行做出判断。图3-26所示的文案采用的就是自然式结尾。文案在开头介绍了一些首次购车消费者常纠结的配置，最后以一种自然的方式结尾，通过总结性的语言说明文案，并提醒消费者按照实际需求购车。

> 经常有朋友问我：选车时在某个配置上纠结，怎么办？
>
> 今天就跟大家聊聊这个话题。一些常会纠结的配置，该如何取舍？
>
> 还有一些不常被注意的配置，其实更值得关注。
>
> 强调：以下内容仅服务于初次购买家用车的入门级用户，全部从"家用"角度出发，　　　　。
>
> 下面是首次购车用户常纠结的配置。
>
> 1. 导航
>
> 这可能是纠结最多的一个选项，答案很简单：没用，不要。
>
> 选车在配置上不要贪多，有些东西可能你花钱买了，车开到报废也用不上几次，因此心动之余应多问自己是不是真的需要，当然，买车这种大宗消费肯定伴随着感性冲动，尽量保持一个冷静的头脑就行。祝大家早日买到合适的车！

图3-26 | 自然式结尾

4. "神转折"式结尾

"神转折"式结尾就是用出其不意的逻辑思维，使展示的内容跟结局形成一个奇怪的逻辑关系，得到出人意料的效果的结尾方式。"神转折"式结尾能将正文塑造的气氛迅速改变，让人哭笑不得，但这种结尾方式常有奇效，这种氛围落差会使消费者感到震撼，让消费者惊叹于电子商务文案人员的思维，引起消费者的讨论，使消费者留下深刻的印象。

例如，喜马拉雅FM曾出过这样一个文案：男孩和女孩是高中同学，非常要好却一直没有明确彼此的关系，因为想着要好好学习与考同一所大学，可是她考上了，他却名落孙山，再无联系，直到她的婚礼两人才又见面，他交给她一个手机后就转身离开了。文案的结尾如下。

> 她打开手机，手机上的软件正在播放节目，她细细听，细细查看时，那每一条收藏的声音都是他们学生时代曾反复收听的电台节目。每一首歌都是记忆的引子。
>
> 她泪流不止，突然意识到。
>
> …………
>
> 这个软件就是喜马拉雅FM，喜马拉雅FM是国内有名的音频分享平台，2013年3月在手机客户端上线，在其创立的两三年时间内，喜马拉雅FM已有超1.5亿名消费者，每日仍有近百万名消费者在持续新增，平均每位消费者每天收听90分钟……

086　　　　再如，某篇文案从"每个人都是艺术家"延伸到"舞蹈表演艺术家"，并开始介绍跳舞的起源，讲述舞蹈的文化内涵。本以为这是一篇介绍舞蹈艺术性的文案，结果作者在分享个人喜欢的舞蹈视频时画风一转，开玩笑般地分享尬舞等，然后才一本正经地表示自己喜欢的是"冰雪之舞"，并借高山滑雪专业人员之口引发对"冰雪之美"的讨论，最后引出"中国冰雪"指定饮料品牌，让不少以为是舞蹈宣传、冬季奥运会宣传或者滑雪培训班宣传的消费者感到出乎意料。这个从舞蹈到饮料的文案结尾可谓是"神转折"。

5. "金句"式结尾

"金句"指的是有价值的、有意义的句子，如名言警句或其他有哲理的话等。文案以"金句"结尾可以帮助消费者更深刻地领悟文案思想，引起消费者共鸣，提升他们对文案的认同感。名言警句一般都富含哲理，受其警醒和启发，消费者还可能主动转发该文案。

例如，某书籍推广文案的结尾传递希望人们珍视生命的想法，用简短的话语传达出深刻的道理，引起了消费者对文案理念的认同，并产生了一定的促销价值。其结尾如下。

> 　　希望通过这本书，让人们了解猫在人类历史发展中不容忽视的作用，珍视生活中的每一个生命。
> 　　此项目部分众筹款项将用于捐赠，救助需要帮助的猫咪们。

以下为推广《高老头》一书的文案结尾，通过一段哲理性的话引起消费者的共鸣。

> 巴尔扎克用他们的遭遇告诉我们：
> 倘若不能掌控欲望，拉斯蒂涅和高老头的悲剧便会发生在我们每个人身上！
> 金庸曾说，人生不过是大闹一场，然后悄然离去！
> 所谓的金钱、权力、地位等不过如浮云一片，并不能给生命带来真正的蜕变。
> 　　人活于世，我们无须太过追求物质上的享受，反而应当感受当下的幸福，享受过程中的美好，让人生在经历中丰盈，在历练中满足，在雪雨风霜中收获感动。
> 　　愿你在前行的路上能够记住：
> 　　真正的幸福，不在所得多寡，而在历经繁华后的精神富足。

专家指导

　　在设计文案正文时，要注意从多个方面去提升文案的阅读价值。例如，内容设计要符合消费者需求、要有趣、要充满创意、要注重原创等，这些都有助于提高文案质量，增加消费者对文案正文的兴趣。

素养园地

　　网上有海量的电子商务文案，许多电子商务文案人员在写作初期会参考、模仿，但写作时要注意不能抄袭，应尊重他人的知识成果。需注意的是，网上文案良莠不齐，有些写法比较夸张，甚至涉嫌虚假宣传，因此电子商务文案人员需保证所写作的内容真实可靠，不能为博眼球而虚假宣传，不能欺骗、误导消费者，同时切忌谈论敏感话题、使用敏感字眼。

3.5 电子商务文案的视觉呈现

　　电子商务文案的整体视觉呈现效果对文案的表现力有着非常重要的作用，下面从排版和视觉创意两个角度来进行说明。

3.5.1 文案的排版

　　排版对于任何类型的文案来说都非常重要，文案再出色，如果排版效果差，版面杂乱，消费者的阅读体验就会受到影响，消费者甚至会放弃阅读。文案可分为文章式文案和图片式文案，其中，文案长短，在页面中的位置，文字的大小、颜色、字体，都影响着文案的整体效果。下面就从文章式文案和图片式文案出发讲解其排版要求。

1. 文章式文案

　　文章式文案的代表类型为微信公众号文案。微信公众号文案是以移动端为载体输出的，所以排版应注意以下 4 点。

- **文案长短** │ 全文字数控制在1200～1500字，一个段落不超过手机一屏，可以多分段，最好3～5行为一段。
- **字符设置** │ 字号控制在14px～18px（数值越大，字号越大），16px较合适；行间距控制在1.5～1.75。
- **正文排版** │ 根据内容风格的不同，正文排版可以不同。一般情况下都是左对齐，个别时候为追求文艺风，可以考虑居中排版。
- **其他排版设计** │ 合理搭配图片，一般是上文下图，还可适当插入视频；此外，可以用不同的颜色来突出文案的重点，但颜色最好不要超过3种。

2. 图片式文案

　　图片式文案包括商品详情页文案和商品海报文案等，它受限于一张图片，其排版应注意以下 4 点。

- **文案长短**｜文案不宜过长，传达出要表达的内容即可，一般要求文字内容不超过整个页面的二分之一。

- **文字大小**｜文字大小要均匀、合理，不要求文字大小一样，只要文字比例恰当，看起来和谐美观即可。此外，主要的句子或者一个页面的主题句可以用大号字体来突出，这样页面会显得主次分明、主题突出。

- **文字颜色**｜文字与图片的颜色要有一定的差别，但不要太跳跃，不然容易显得突兀，避免红配绿、宝蓝配深紫等。少用太亮眼的颜色。此外，若背景颜色或图片颜色是深色，文字就用浅色；若背景颜色或图片颜色是浅色，文字则用深色。这样图片才不容易与文字混淆，也不会给消费者造成阅读障碍。

- **字体类型**｜字体类型不超过3种，并且要与整体风格相适应，字体类型太多会显得很混乱。

3.5.2　文案的视觉创意

在电子商务环境下，文案的表现形式多样，纯文字内容可能无法快速吸引消费者，文字内容搭配具有创意的图片和视频等元素，有助于第一时间抓住消费者的注意力，吸引消费者点击并浏览所有的文案内容。

1. 文案图片创意

图片是文案的重要组成部分，会使文案更有张力，表现力更强。特别是高质量、精美、主题突出、触动消费者、一针见血的图片设计，不仅能在电子商务平台上收获成千上万的转发量，还能快速给消费者留下深刻的印象。

在电子商务文案中可以通过漫画、壁纸、美景、人物、文字、图形等来简洁地表达主题，再辅以美丽、夸张、有趣、个性、富有哲理、有温度的元素给消费者留下充分的想象空间。

饿了么于2022年3月在上海人民广场地铁投放的"送给上海的拼贴诗"广告文案如图3-27所示。

图3-27｜饿了么"送给上海的拼贴诗"广告文案

拼贴诗可以说是集句，指剪切印刷品中的文字，将零散的文字拼接起来组成的具有诗意的句子。拼贴诗早在二十世纪五六十年代就已经兴起，被乐队当作写作歌曲的一种形式，是一种充满诗意与创意的创作形式。单纯文字组成的诗句虽然也可以表达情感，但饿了么这次从其平台上的 214 个品牌 Logo 中"摘"下文字，组成送给上海的一组诗，这些文字的颜色、字体各异，组合起来时整个画面充满个性，体现了整个文案画面的创造力。而这组诗中有不少是许多消费者都知道的上海品牌门店，勾起了许多人的回忆。拼贴诗搭配"美味早餐，元气开启""放心点 准时达"等揭示饿了么提供的商品和服务的标语，起到了很好的营销推广作用。

常见的创意图片设计还包括品牌海报设计等，图片也不是越有个性越好，也可以是简单的日常图片，在内容设计上都要尽量贴近消费者，不要过于深奥复杂，也不能表达太多信息。此外，应突出图片主题，尽可能展示一些网络热点，再辅以合理的推广，也能获得不错的营销效果。图 3-28 所示为小米 Civi 在妇女节发布的"来点自然美"文案，清新自然的女性图片，搭配简短的描述文字，传达每一个女性都是自然好看的，都能绽放独特的自然美的品牌态度，文案创意十足。

图3-28 | "来点自然美"文案

2. 文案视频创意

视频也是电子商务文案的一种常用载体，如宣传视频、情景视频等。其中，宣传视频是通过创意广告来展示商品或品牌的优势、企业文化或形象等内容的视频；情景视频是在讲述故事的过程中融入需要推广的商品或品牌的视频。不管是哪种类型的视频，企业在营销推广的过程中都涉及创意制作。与文字和图片一样，视频内容只有在以消费者需求为中心的前提下，才会打动消费者。首先，制作创意前应该先了解消费者喜欢什么类型的题材，什么样的题材更容易打动他们。例如，针对年轻消费者群体就可以在视频中加入网络流行现象来吸引他们的视线；针对文艺青年就需要选择具有艺术气息的画面来创作视频内容。其次，视频要体现出与其他同类型视频的不同，也就是表现方式、表现角度要新颖，要有与众不同的亮点。例如，同样是美食视频，一个在家里制作美食，但语言风格诙谐幽默，另一个虽然语言表现力不强，但选择在野外随地取材进行制作，前者以幽默的风格为亮点，后者以别致的形式为亮点，与中规中矩在厨房制作美食的视频相比更具吸引力，也更容易引起消费者的关注和讨论。

要写作出成功的视频文案，电子商务文案人员不仅要有高水准的视频制作技巧，还要懂得展示营销内容的亮点。因此，好的创意和构思是必不可少的。同时，视频还是为品牌和商品服务的，所以还要注意视频与品牌、商品的结合，突出品牌或商品的特点，符合企业的推广定位等。

例如，五芳斋推出的《一粒糯米的奇幻之旅》视频广告，如图 3-29 所示，该视频广告通过拟人的手法赋予糯米人的特征，然后采用人物（糯米）内心独白的方式来体现五芳斋商品的制作过程，并通过众多场景的转换与融合完整地体现了"每一粒糯米都来之不易""糯好粽才好"的品牌理念。

图3-29 | 五芳斋视频广告《一粒糯米的奇幻之旅》

　　这支视频广告中，带着白色小尖帽的每一个人就是每一粒糯米，他们嘴里都叨念着"万中无一"，纷纷坐上大巴车开始奇幻之旅，然后场景转换回到7000年前，这些人经历了鸟儿的啄食、冰雪的寒冷、寒风的凛冽、雷电的侵袭，最终强壮的人活了下来并继续剩下的旅途，并来到了旅途的终点——一片清澈的湖泊，这些人排队进入湖中搓澡，洗干净后被邀请进入蒸房，最后他们挤在一起，裹上粽叶，变成了一个大粽子。这支视频广告创意十足。五芳斋通过这种新颖且有趣的表现方式快速吸引了广大消费者的注意，视频被大量转发和观看，让消费者了解到五芳斋的核心竞争力就是糯米；以"糯好粽才好"广告语结束视频广告，完整地串联起了视频广告中的剧情，在打动消费者内心的同时告诉消费者，五芳斋的原材料是优质的。

3.6 本章实训

实训背景

　　百色杧果（俗称芒果，以下均做"芒果"）是广西壮族自治区百色市的特产，也是国家农产品地理标志登记产品，并入选中国农业品牌目录和中欧地理标志首批保护清单。因具有核小肉厚、纤维少、甜度高、营养价值高、味道好、耐储运等特点，百色芒果深受广大消费者和销售商的欢迎。

　　小黄是百色芒果的销售商之一，由于淘宝、拼多多等电子商务平台的崛起，除了将芒果销售给水果代销商、批发商以外，小黄和朋友也合伙建立了一家销售芒果的网店，他们不仅销售百色芒果，还销售四川攀枝花和海南三亚等地的芒果，希望能在实现创业理想的同时，帮助芒果产区种植户解决销售难题、拓宽销路，同时也为乡村振兴贡献力量。临近芒果上市季节，小黄等人打算发布一篇推广芒果的文章（以下简称"推文"），将原价12.8元一斤的百色芒果，以6折优惠价销售，助力店内芒果销售。

3.6.1　撰写百色芒果上新推文标题

要通过推文助力芒果销售，首先需要撰写一个能吸引消费者的推文标题，小黄打算结合标题写作的要求与多种技巧，撰写吸睛的标题，引起消费者的阅读兴趣。

1.　实训要求

（1）结合标题写作要求与技巧撰写直言式标题。

（2）结合标题写作要求与技巧撰写提问式标题。

（3）结合标题写作要求与技巧撰写推新式标题。

2.　实训准备

标题的吸引力直接决定了文案的点击率。因此，小黄应站在消费者角度来撰写标题，在标题中表明优惠力度、新消息、好处。小黄还需要了解直言式标题、提问式标题和推新式标题的写法，根据实际情况，结合借力与借势、做比较、用符号、用数字等技巧来优化标题，使标题更符合要求。例如，借夏季消费者对美食饮品及相关话题的关注来设计标题；在标题中使用"【】""|"符号，丰富标题形式。注意标题内容要真实，要与正文内容相结合，不要文不对题。

3.　实训步骤

写作不同类型的标题时，需体现各种标题的特点，并灵活使用符号、数字等，具体操作思路如下。

（1）写作直言式标题时，可以直接展示本次活动的优惠力度、芒果的高品质，如"六折""嫩滑无丝"等，以吸引消费者购买。以下为几则直言式标题示例。

- 精选芒果大果10斤只要76.8元！
- 新品芒果6折开售啦！
- 夏日王者|芒果新上市，只要6折！
- "芒果控"狂喜，果大核小的芒果又来了！
- 超好吃的百色芒果正式上线，优惠多多！
- 嫩滑、无丝，到家不用催熟的芒果新品到货啦！

（2）写作提问式标题时，可以从消费者关注的芒果品质、营养与吃法等角度来提问。以下为几则提问式标题示例。

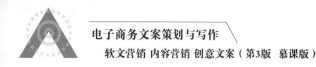

- 真的不来点新鲜芒果尝尝吗？
- 这么好吃又营养的水果，今年你吃了吗？
- 芒果有哪些吃法？
- 我国到底哪里的芒果最好吃？

（3）写作推新式标题时，重点是凸显"新"，可从芒果新品上架、数量有限、新品享有特价等角度凸显上新的紧迫感，以此写作标题。以下为几则推新式标题示例。

- 芒果新品上架了，还不快来！
- 文末有福利 | 叮，本店芒果新品已上线！

3.6.2 为百色芒果推文设计开头

要发推文，除了标题之外，内容也很重要。一个有吸引力的开头，容易吸引消费者阅读。开头的写法多样，小黄打算设计多个开头，从中选择一个合适的作为文案开头。

1. 实训要求

（1）掌握开门见山的开头写法。

（2）掌握引入热点的开头写法。

（3）掌握塑造故事或情景的开头写法。

2. 实训准备

开头的写法各有不同，根据要求的不同写作即可。例如，应用开门见山的开头写法时，开头内容应与标题内容统一，顺应标题内容进行阐述，或者直接介绍上新活动；应用引入热点的开头写法时，则可以在微博、小红书、搜索引擎中搜索与芒果相关的、消费者感兴趣的话题，近期的为宜，将其引入正文；应用塑造故事或情景的开头写法时，可以引入与芒果有关的故事或情景，使消费者沉浸其中，然后再引入正文内容。构思好了则可以开始写作开头。

3. 实训步骤

写作开头的操作思路如下。

（1）开门见山的开头。小黄可以直接根据选定的标题，阐述标题内容，或者直接表明本次有上新活动，并有折扣优惠。以下为文案示例。

　　说起芒果，大家的脑海里可能会浮现其果肉金黄、汁多味浓的画面。市面上有些芒果果肉不多，果核还不小，想想就让人苦恼。但是本次上新的百色芒果绝对能满足你对芒果的一切期待！不仅好吃，而且非常优惠，新品只要6折，快来一起看看吧！

（2）引入热点的开头。小黄可以选择最近与芒果有关的话题，如"××直播卖芒果"，以此话题为开头引出芒果。以下为文案示例。

> 近日，"××直播卖芒果"的话题迅速登上微博热搜榜，在线观看量已经突破359.8万人次，直播后芒果销量大幅增长。我身边也有许多朋友买芒果，而且他们每年都要买。芒果为什么这么好吃？芒果有"热带果王"之美誉，它富含各种营养，不仅单吃美味，还可以作为饮品、蛋糕、比萨等的原材料。
>
> 夏季就是"芒果季"，一大波芒果已经来袭，本店现在又新上架好多芒果，品种多多，"芒果控"们，你们做好准备了吗？

（3）塑造故事或情景的开头。小黄可以讲述与芒果有关的故事，描述芒果口感与芒果果肉，或者塑造其他与芒果有关的情景。以下为文案示例。

> 想要愉快地度过夏天，怎么可以没有芒果？
>
> 比手掌还大的芒果，
>
> 切成饱满的芒果花，
>
> 香甜的汁水顺着果肉缓缓流下，
>
> 明媚、阳光、活泼、艳丽，
>
> 是芒果生动的形容词。
>
> 芒果千层、芒果慕斯、芒果布丁、芒果蛋挞、芒果双皮奶、芒果芋圆烧仙草……只有你想不到的，没有芒果不能搭的，花样吃法，营养又美味。

 巩固与练习

1. 选择题

（1）下列选项中，不属于电子商务文案策划与写作步骤的是（　　　）。

    A. 明确写作目的　　　　　　　　B. 寻找作品主题

    C. 确定写作主题　　　　　　　　D. 明确表达方式

（2）对人们几乎已有定论的或已有某种思考习惯的事物或观点进行反向思考的一种思维方式指的是（　　　）。

    A. 发散思维　　　B. 逻辑思维　　　C. 聚合思维　　　D. 逆向思维

（3）不直接说明主题思想，而用暗示的方式让消费者意会文案真实意图的表达方式指的是（　　　）表达方式。

    A. 实力型　　　B. 暗示型　　　C. 动机型　　　D. 理想型

（4）小张在写作文案时打算融合新旧元素，这意味着他主要采取的是（　　　）。

    A. 元素组合法　　　　　　　　　B. 头脑风暴法

    C. 九宫格思考法　　　　　　　　D. 五步创意法

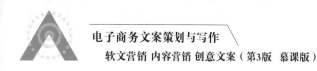
（5）常见的正文开头方式不包括（　　　）。

A. 开门见山　　　　　　　　　　B. 塑造故事或情景

C. 引入热点　　　　　　　　　　D. "神转折"

2. 简答题

（1）写作标题时电子商务文案人员应掌握哪些技巧？

（2）小文想撰写商品详情页文案，你认为他在写作时可以采取哪种基本模式？说说你的理由。

（3）什么叫"金句"式结尾写法？

3. 材料题

2022年，第24届冬季奥林匹克运动会（以下简称"冬奥会"）在我国首都北京举行，在这次冬奥会期间，我国获得了9金4银2铜的佳绩。随着冬奥会的开展，社会上也掀起了一阵"滑冰热""滑雪热"。小文经营着一家滑雪场，主要提供滑雪教学、滑雪体验、场地租赁服务，同时也售卖高山滑雪板、滑雪单板等滑雪器材。随着全民对滑雪项目热情高涨，为了吸引更多的人关注滑雪项目，并推动商品的销售，小文打算在微信、微博上发布营销文案，吸引更多的人来体验滑雪。已知该公司课程可通过美团购买，价格如表3-1所示。请综合你对本章知识的理解，回答下列问题。

表3-1　滑雪课程价格（含装备）

项目	价格	项目	价格
工作日单人滑雪体验课一对一	108元	周末单人体验课一对一	208元
工作日双人滑雪体验课一对一	158元	周末双人体验课一对一	258元
工作日三人滑雪体验课一对一	288元	周末三人体验课一对一	388元
小朋友滑雪体验课一对一	200元	雪板打蜡保养维护	200元

（1）如果要撰写一篇推广滑雪课程的推文，你会如何写作？简述你的策划步骤。

（2）你会选择什么写作模式？结果是什么？

（3）你会如何设计文案的标题？

（4）你会怎样设计文案的开头、正文和结尾？

4

展示类
电子商务文案写作

学习目标

【知识目标】

| 了解展示类电子商务文案的类型。

| 掌握商品详情页文案的写作方法。

| 掌握商品促销活动文案和商品海报文案的写作方法。

| 掌握商品评价回复文案的写作方法。

【能力目标】

| 能完成商品详情页文案的写作。

| 能完成商品促销文案的写作。

| 能完成海报文案的写作。

| 能完成商品评价回复文案的写作。

【素质目标】

| 具备诚实守信的精神,真实、准确展示商品和服务信息。

| 自觉传播中华民族传统文化,彰显民族自信。

引导案例

茶颜悦色是一个2013年创立于湖南省长沙市的新中式茶饮品牌,以茶饮和甜品销售为主。茶颜悦色的商品设计为"鲜茶+奶+奶油+坚果碎",吸管插下去,可"一挑、二搅、三喝",喝到不一样的味道;在形象上,其商标图、饮料名称、包装、店铺装修等都体现了传统的古典风格。茶颜悦色对传统文化,如《海错图》元素、古典名家名画等的广泛运用,使品牌增添了非常明显的文化属性,并获得了广大年轻消费群体的认可。在短时间内,茶颜悦色就在长沙开设了多家门店,并在天猫开设了品牌旗舰店。

在网店的设计上，茶颜悦色选用传统风格的彩绘漫画海报作为首页宣传图，展示其品牌定位，如图4-1所示。宣传语"我们尊重传统热泡，但更推荐新世代冰爽冷泡"，从茶的制作到口味的创新，很好地体现了"新中式茶饮"的定位。

图4-1 | 首页宣传图

在商品主图和详情页设计上，茶颜悦色也采用相同的风格。尤其是商品详情页，作为消费者了解商品的主要渠道，其内容是商品信息的详细说明，包括商品参数、设计理念、外观、功效、细节、品牌、售后等多种内容，这些内容按照一定的逻辑结构和顺序排列，尽可能地展示了商品的卖点，以最大限度地吸引消费者，促使他们产生购买行为。当然，具体商品不同，商品详情页的内容板块设计也有所不同。图4-2所示为该网店内小莲罐的详情页文案。

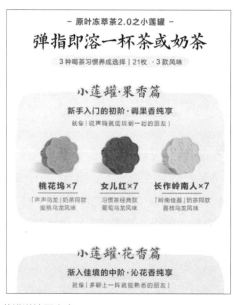

图4-2 | 小莲罐详情页文案

栀晓绿×7
「栀晓」奶茶同款
栀香绿茶风味

清茉×7
「少年时」奶茶同款
茉莉绿茶风味

陌桂×7
「桂花弄」奶茶同款
桂花乌龙风味

小莲罐·什锦篇

经典风味都能尝试·花果香混搭

不晓得自己的喝茶偏好，初次尝试推荐

栀晓绿×7
「栀晓」奶茶同款
栀香绿茶风味

桃花坞×7
「声声乌龙」奶茶同款
蜜桃乌龙茶风味

陌桂×7
「桂花弄」奶茶同款
桂花乌龙风味

+12.9元即可换购

会员价 24元

官方配方刻度瓶·初代款×1

高温不释放双酚A
但装>80℃热水瓶身会变形

「一枚小莲罐所含膳食纤维，约等于10颗樱桃」

一枚小莲罐里，含有至少1/4的抗性糊精（膳食纤维）❷，
约等于1颗草莓或10颗樱桃的膳食纤维含量❸

❶ 出自食品安全国家标准

❷ 抗性糊精为低分子水溶性膳食纤维，有助于维持肠
道功能

❸ 一颗草莓约重20g，一颗樱桃约重10g，膳食纤维含
量参考《中国食物成分表（标准版第6版第1册）》

从新手入门到渐入佳境

3种喝茶习惯养成选择，照顾不同喝茶偏好

果香篇/花香篇/什锦篇

跟初次见【小莲罐】的新朋友
先做个自我介绍

（老熟人就先自由滑屏一页）

/ 更迅速的「弹指即溶」
/ 更适口的「与冰水更恰」
/ 更轻松的「饮茶轻负担」

「弹指即溶」说的是原叶冻萃茶在水中的溶解速
度，确实够迅速，但光弹指也不行，还是得拿着瓶
子摇一摇、晃一晃。

【小莲罐】纯茶好喝，DIY好玩
喝茶无定式，按你喜好的方式就行

混搭不受限，打开你的DIY新世界大门

弹指即溶的特性，让小莲罐和好多饮料都玩得好，
你想得到的想不到的，都能破圈一起玩。便利店里
你喜欢的饮料，**不妨选一枚中意的小莲罐** 扔
进去，摇一摇，有意想不到的惊喜风味！

图 4-2 | 小莲罐详情页文案（续）

关键就两点：

温度和浓度！

口里没味，想喝一瓶有点茶香的水？
用550ml的普通瓶装冰███。

喜欢浓淡适中，想找个折中的喝法？
用380ml的mini瓶装冰███。

重度█茶爱好者，就爱那口正经的茶味？
找个普普通通的马克杯就行。

但是！
千万莫用温水冲泡小莲罐！
根本打不开你的味蕾，莫浪费这一枚小莲罐

ps:21枚花香装里有本新折炎！老熟人都没看过的即神！

小莲蓬罐子还挺可爱的
喜欢的话，可以把它串成小吊坠、钥匙扣
不给青山添负担，███又好玩

品　名：　原叶冻萃茶·小莲罐
净含量：　21g（1g×21枚）
保质期：　12个月
配　料：　**桃花坞（蜜桃乌龙茶）**
蜜桃乌龙冻干粉（乌龙茶、苹果干、蜜桃干、食用香精、抗性糊精、赤藓糖醇）

女儿红（葡萄乌龙茶）
葡萄乌龙冻干粉（乌龙茶、食用香精）、抗性糊精、赤藓糖醇

茶颜██茶Tips

居家办公时，不赶时间泡茶包
外出不方便，带枚小莲罐更了撇*
玩性大发，灵感蹭蹭往外冒，干脆拆个
小莲罐DIY，摇杯自己喜欢的茶饮料~

*了撇：长沙透「简单，方便」的意思

「彩蛋」
小莲罐喝完，还能怎么玩？

███，生怕大家喝完就把小莲罐扔了
（设计师可能直接哭晕）
所以我们在包装里附赠了一枚小吊饰
玩点小惊喜

「两枚小吊饰随机发」
███哪枚都好看哒~

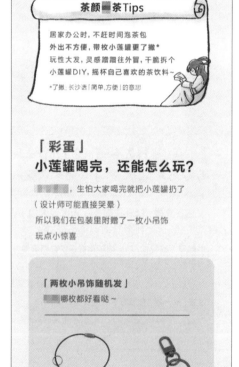

陌桂（桂花乌龙）
桂花乌龙冻干粉（乌龙茶、桂花、决明子、食用香精）、抗性糊精、赤藓糖醇

营养成分表

项目	每份（1克）	NRV%
能量	███	███
蛋白质	███	███
脂肪	███	███
碳水化合物	███	███
-膳食纤维	███	███
钠	███	███

温馨提示： 孕妈妈、哺乳期妈妈、小朋友要谨慎饮用哦~

生产日期： 包装标识日期为原叶冻萃茶的生产日期，因原叶冻萃茶生产日期不固定，想了解的███请戳左下角　◎客服

为什么不要轻易
拆开一枚原叶冻萃茶？

由于原叶冻萃茶特殊的冻干技术和密封保存条件，暴露于空气中超过 2s 便极易凝结成块，拆开包装

图4-2｜小莲罐详情页文案（续）

从图 4-2 可知，茶颜悦色在商品详情页中从该商品的品类、特性、主要成分、喝法、注意事项、具体参数、问答解疑等多方面对小莲罐进行了全方面的介绍，让消费者可以放心地购买。

在电子商务领域，商品详情页文案、海报文案等展示类文案对于商品的销售具有非常大的价值。本章将分别阐述常见的展示类电子商务文案的写作方法，帮助电子商务文案人员通过撰写展示类文案实现商品销售目标。

4.1 商品详情页文案写作

商品详情页是指在淘宝、京东等电子商务平台中，商家以文字、图片或视频等展示所销售商品信息的页面。由于电子商务平台的特殊性，消费者无法当面接触实物，所以只能通过商品详情页文案来判断该商品是否值得购买。所以，商品详情页文案写作水准将直接影响商品的销量和转化率，商品详情页文案对商家来说至关重要。

4.1.1 商品详情页文案认知

商品详情页文案是对商品信息的表述，越全面越好，并且要详细描述消费者感兴趣的关键信息。商品详情页文案通常由以下 3 个部分组成。

1. 图片

图片是商品详情页文案的主要构成要素和载体，清晰直观的图片可以准确地展现商品的特点，让消费者看到商品的全貌和细节。商品详情页文案中常见的图片类型有以下 5 种。

（1）商品展示图。商品详情页文案不可或缺的就是商品展示图，商品展示图具有很强的视觉冲击力，可以让消费者对商品产生整体印象。若商品详情页文案中没有商品展示图，消费者可能会马上离开页面。另外，有些商品详情页文案只展示商品的部分，如服装只展示正面图，不展示后背图，这样的做法也是不可取的。消费者购买商品之后，如果发现后背的设计不能接受，就会退换货，这可能导致网店的评分下降，所以在商品详情页文案中一定要展示商品全景图。图 4-3 所示的商品展示图就从不同角度展示了帽子的佩戴效果，可以为消费者提供参考。

（2）商品细节图。商品细节图是指表现商品局部的

图4-3｜商品展示图

100　图片，商品细节有款式细节、做工细节、面料细节、辅料细节和内部细节等。消费者在网购时不能接触实物，有些对细节讲究的消费者只看到整体外观图很难放心，因此细节图能让消费者对商品的品质更加放心。例如，床品四件套的详情页文案中可以加入更多展示细节的内容，如"定位绑绳""圆角床单"等，并附上相关细节图，如图4-4所示，让消费者更多地了解商品，更加放心地购买。

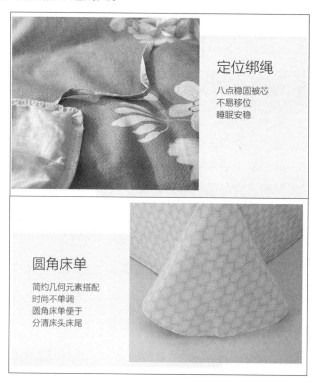

图4-4 | 商品细节图

专家指导

　　细节图要清晰，便于观看，最好能使用高清照相机近景拍摄，千万不能选择在总体图的基础上直接裁剪的效果图。

　　（3）商品功能及设计图。商品详情页文案大多是在介绍商品功能、材质和规格等，将这些信息作为卖点列出来，消费者就会更加全面地了解商品。例如，钢笔的详情页文案会介绍钢笔尺寸、笔身设计、礼盒配置、颜色、使用场景，以及笔尖粗细和相应的使用场合等。

　　（4）操作演示图。有些商品详情页文案会介绍商品的操作示例和结构。例如，灯饰和书桌的详情页文案会介绍其结构与组装步骤；钢笔的详情页文案会介绍墨囊和吸墨器的使用方法等。图4-5所示的染发剂的详情页中就提供了操作演示图，详细展示了染发剂的使用方法。

图4-5 | 操作演示图

（5）场景图。场景图是指实拍图或在搭建的场景内拍摄的图片，场景图可以展示商品的实用性，给消费者以亲身使用的想象空间，增强商品对消费者的吸引力。特别是服饰、鞋子和箱包等商品，由于消费者在购买时会着重考虑使用体验和整体效果，所以商家最好提供场景图。图 4-6 所示为某桌子详情页中的场景图，通过展示不同的使用场景，突出表现了桌子的多用途和实用性，同时通过生活化场景给消费者以代入感，引导具有相关需要的消费者关注和购买。

图4-6 | 场景图

2. 商品介绍

商品介绍是商品详情页文案的核心。商品详情页文案需要通过文字、图片等元素，将商品的全貌、性能和特点富有创造性地展现出来，并以此引起消费者的购买兴趣。一般而言，商品介绍应包含以下两个部分的内容。

（1）商品信息。消费者在购物时势必会关注商品信息，因此商品信息是商品详情页文案中的重要组成部分。商品信息主要是指商品的材料、功能、类型及使用说明等。除此以外，电子商务文案人员还需要在商品详情页文案中向消费者展示商品的性价比、优点、售后服务和品牌故事等信息，这些信息可以单独展示，也可以结合功能、材料进行说明。

102　图 4-7 所示的商品设计信息就包含了商品的特点和卖点。图 4-8 所示为某人体工学家具品牌商品详情页中的部分售后服务保障信息，它能够帮助消费者消除顾虑，下定购买商品的决心。

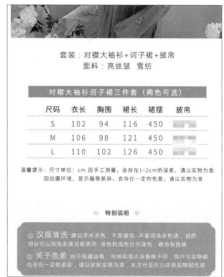

图4-7｜商品设计信息

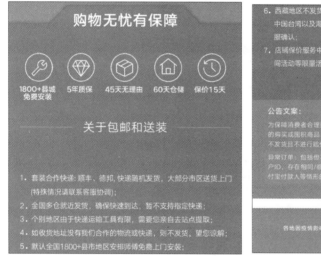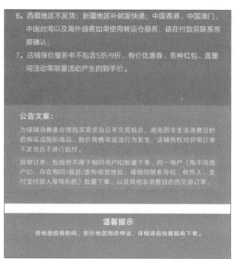

图4-8｜商品售后服务保障信息

（2）商品展示。商品详情页文案的作用是向消费者全方位展示商品。因此，电子商务文案人员要以谨慎的态度来设计商品的展示页面，使用有创意的展示说明方式，以符合消费者的喜好和需要。一般来说，商品展示部分可以从以下 5 个方面来进行设计。

①找出消费者的关注点，并进行针对性设计。

②列出商品的特性及优点。

③挖掘出消费者希望改善的地方或希望被满足的需求。

④按商品的特性和优点进行组合。

⑤ 按商品能够满足消费者的利益进行优先组合。

图 4-9 所示是某计算机显卡详情页文案中的商品展示信息。对于计算机显卡，消费者首先关注的是具体参数，因此，计算机显卡详情页文案中应有详细的参数信息。另外，消费者购买显卡的时候非常关注该显卡能否满足自己的购买需求，因此提供不同显卡的参数对比不仅能使消费者对商品的配置有更深入的认识，还可以为消费者的购物决策提供其他参考，有助于店内其他显卡的销售。

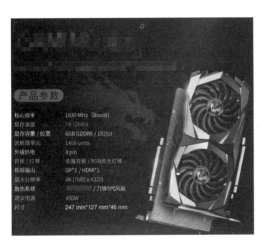

显卡型号				
外观				
核心频率	1830 MHz	1815 MHz	1830 MHz	1710 MHz
流处理器	1408 Units	1408 Units	1408 Units	1920 Units
显存规格	6G GDDR6 192bit	6G GDDR6 192bit	6G GDDR5 192bit	6G GDDR6 192bit
显存速度	14 Gbit/s	14 Gbit/s	8 Gbit/s	14 Gbit/s
风扇	刀锋5代风扇智能启停	定制优化版	定制优化版	定制优化版
风格	RGB炫光	简傲工业风	简傲工业风	简傲工业风
视频输出	DP×3 HDMI×1	DP×1/HDMI×1 DVI×1	DP×1/HDMI×1 DVI×1	DP×1/HDMI×1 DVI×1
建议电源	450W	450W	450W	500W
尺寸	247×127×46 mm	205×126×42 mm	205×126×42 mm	205×126×42 mm
特点	自动超频更高更稳	精巧设计ITX尺寸经久耐用	精巧设计ITX尺寸更高性价比	精巧设计ITX尺寸体验光线追踪

图4-9｜商品展示信息

3. 其他因素

除了上述两个商品详情页文案的组成部分外，还有一些因素也能用于商品详情页文案，包括商品销量、第三方评价、实体店情况、权威机构认证和关联推荐等。

（1）商品销量。商品如果前期销售势头强劲，在同类商品中名列前茅，甚至远超同类商品的销量，则电子商务文案人员可以直接在商品详情页文案中展示商品销量，如图 4-10 所示。

图4-10｜商品销量

（2）第三方评价。第三方评价是指已购买某商品的消费者的评价。电子商务平台提供消费者评价功能，商家也鼓励消费者将自己的购物经历和对商品的感受发布到平台中，以供其他消费者参考。图 4-11 所示为某铁锅的第三方评价，其中展示了使用过该商品的消费者对商品的正面评价和使用感受，可以吸引其他对商品感兴趣的消费者购买。

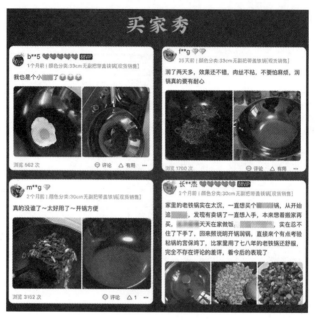

图4-11 | 第三方评价

（3）实体店情况。实体店情况是指商家实体店的规模、团队人员、技术分工和商品产地等方面的信息。一般而言，消费者对开设有实体店的商家更信任，因为能开设实体店意味着商家有一定的经营实力和品质保证。商品详情页文案可以对商家的实体店情况进行展示，以作为其商品质量保障的一个依据。图 4-12 所示为某精油商品的实体店情况，其中展示了该商品的实体店专柜，向消费者证明了该品牌的实力，能让消费者对商品产生信心。

（4）权威机构认证。许多消费者对具有公众影响力的机构有一种不自觉的服从和支持。在商品详情页文案中添加权威机构对商品的认证信息，有助于增加商品的权威性，取得消费者的信任。图 4-13 所示为某商品的权威机构认证，这些专利证书本身就能证明商品经过权威机构认证，并能彰显该商品的独创性与设计性，凸显商品价值。

（5）关联推荐。商品详情页文案中可以关联推荐一些同类商品或搭配套餐，以激发消费者的购买欲望，提高客单价（指每一位消费者在网店中平均购买商品的金额，它在一定程度上决定了网店销售额）。网店销售额是由客单价和客流量（进店的消费者数量）决定的，因此，要提高网店的销售额，除了尽可能多地吸引消费者进店，增加整体销量，提高客单价也是非常重要的。图 4-14 所示为某品牌羽绒服的关联推荐，其中展示了该羽绒服两种不同风格的搭配方式，并向消费者推荐了关联商品，感兴趣的消费者可以通过点击相关链接购买关联商品。

图4-12｜实体店情况

图4-13｜权威机构认证

图4-14｜关联推荐

专家指导

　　在撰写商品详情页文案时，电子商务文案人员可以设计个性化的表达风格，展示商品特色。同时，电子商务文案人员还应注意文案用语通俗易懂，且内容由浅入深，循序渐进，先介绍商品本身功能、特点等，再介绍其他附加属性。另外，文案风格应整体统一，不要前面理性严肃，后面活泼幽默，避免对消费者造成阅读障碍。

4.1.2　商品详情页文案的写作技巧

电子商务文案人员仅靠精美的图片和详细的商品性能介绍，不一定能够吸引消费者并激发其购买欲望，还需要合理组织、突出商品的卖点，这样才能写出优秀的商品详情页文案。写作优秀的商品详情页文案需要掌握一定的技巧，常见的写作技巧主要有以下 7 点。

1. 图文搭配

在商品详情页中，消费者痛点、商品卖点、商品特点、商品材质、商品细节等内容需要用文字来描述，但大量的文字容易让消费者觉得单调、枯燥，且文字比较抽象，没有商品实物图片来得直观。相较于文字，图片的表现力更强，尤其是塑造场景时，图片比文字管用。因此，商品详情页文案需要图文搭配，文字起辅助说明的作用，图片则用以增强视觉效果，体现商品的真实性与美观性，这样撰写出来的商品详情页文案，能更清晰、全面地呈现商品特点。若图文搭配得当，即使是没有购物意愿的消费者，也会对商品留下良好的印象。

在图文搭配上，电子商务文案人员可以在图片中添加文字，也可以在图片外的空白地方添加文字，但要注意文字不能遮盖图片所要传达的信息，同时要保证图片清晰、重点突出。

2. 紧贴网店定位

商品详情页文案一定要贴合消费者的需求，紧贴网店定位，不断强调自身商品的优势与特色。图 4-15 所示为紧贴网店定位的商品详情页文案。该装饰画网店的定位是北欧风，所以在商品详情页文案中就抓住部分消费者对北欧风格的喜爱与向往，使用了一些文艺的词汇，体现出轻松惬意与自然舒缓的风格，这与许多都市人士对生活品质的追求相契合。

图4-15 | 紧贴网店定位的商品详情页文案

3. 抓紧消费者的痛点

消费者的痛点常常与消费者对商品或服务的期望没有被满足而造成的心理落差或不满密切相关，这种心理落差或不满最终会使消费者产生痛苦、烦恼等情绪。想要解决消费者的痛点，商家就需要提供能满足消费者期望的商品或服务。例如，母婴用品消费者的痛点就是害怕商品不安全，有化学添加剂和刺激性；皮鞋消费者的痛点就是害怕商品不透气、不耐磨、穿了臭脚等。电子商务文案人员要在文案写作过程中通过文字描述体现出消费者痛点的解决方法，将其与商品卖点联系在一起，从而快速地打动消费者，使其产生购买行为。

由于痛点是基于消费者需求而产生的，所以电子商务文案人员必须了解消费者对商品或服务的不满之处或急需解决的问题，找到这些问题的解决办法，并将重点放在告知消费者本商品可以帮助他们解决这些问题上，这样才能打动消费者，让他们产生购物欲望。

图 4-16 所示为一则抓住消费者痛点的电饭煲的商品详情页文案。该文案首先抓住电饭煲消费者的一些常见痛点，如煮饭不够吃、功能单一、不能预约、米饭口感差等，然后再使用"8 大智能烹煮功能"等文案来传达出这样的信息——使用该商品能解决这些痛点。

图4-16｜抓住消费者痛点的商品详情页文案

4. 体现商品价值

商品价值是影响商品吸引力的重要因素，包括使用价值和非使用价值。因此，在写作商品详情页文案时，电子商务文案人员应通过文案体现出商品同时具备这两种价值。

图 4-17 所示为某品牌防晒眼镜的体现商品价值的商品详情页文案，除了眼镜防紫外

108 线、保护眼睛的使用价值外，文案还重点突出了眼镜的非使用价值，即该眼镜简约、百搭，消费者戴上后能显得很时尚。

图4-17 | 体现商品价值的商品详情页文案

5. 以情感打动消费者

以情感打动消费者就是通过故事来为商品添加附加价值，这样消费者更易接受商品。无论撰写什么类型的商品文案，只要能够讲好故事，调动消费者的情绪，就能让他们在浏览的过程中潜移默化地认同商品的价值，从而促成购买。图 4-18 所示为某按摩枕以情感打动消费者的商品详情页文案。该文案将商品与孝心联系起来，赋予了商品感情色彩，并强调商品有利于守护老人健康。

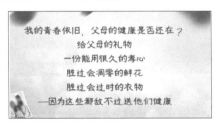

图4-18 | 以情感打动消费者的商品详情页文案

6. 善用对比与背景

直接描述商品卖点固然简单明了，但容易与竞争对手的文案高度雷同，无法凸显自身的特色。因此，电子商务文案人员可以借助对比、巧设背景，让消费者眼前一亮，留下良好的第一印象。

（1）借助对比。商品质量、材质和服务等都可以作为对比的对象，文案应该从消费者关心的角度出发，对比可能引起消费者关注的问题，从侧面突出商品的优点。例如，服装类商品的文案可从做工、面料、厚薄、质地等方面来进行对比，食品类商品的文案可从产地、包装、密封性、新鲜程度、加工和储存等方面进行对比，护肤类商品的文案可从使用前后效果方面进行对比。图4-19所示的拖把对比文案就是通过对比其设计的不同来说明其"双效挤水"的功能的。

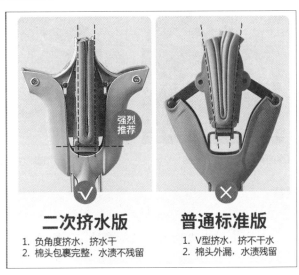

图4-19 | 对比文案

（2）巧设背景。不同颜色的背景能带给消费者不同的心理感受，电子商务文案人员要了解各种颜色对应的感情色彩，根据网店、商品和促销活动等的特点来确定要选择的背景颜色。要注意的是，背景颜色不能太多，要保证背景颜色看起来协调且符合大众的审美。商品图片也可以通过背景的搭配来提升表现效果，商品背景有以下3种搭配方法。

① 事物点缀。利用其他事物来衬托商品，可以是一朵花、一支笔或一把椅子，重点是要能突出商品且不能喧宾夺主。图4-20所示为有事物点缀的某餐具详情页文案，其就使用了植物、饮品等事物点缀商品，展示了餐具的使用与搭配场景，美化了商品图片，可以吸引消费者、刺激其购物需求。

② 使用纯色背景。纯色的背景可以使画面整体风格统一，突出商品本身。对于颜色较为丰富的商品，建议使用纯色背景，某些高品质的服装也可以使用纯色背景，如白色背景墙就能很好地展现商品的外观和色彩。

③ 运用参照物。对于需要展示尺寸的商品，可通过与参照物对比来突出商品的特点。例如，抱枕、沙发可以以人作为参照物，书包可以以计算机作为参照物，钱包可以以手机作为参照物，书本可以以硬币作为参照物。图4-21所示为运用参照物的某笔记本详情页文案，在介绍具体参数时，该文案就以手机为参照物，通过对比来凸显笔记本的大与厚。

图4-20 | 有事物点缀的某餐具详情页文案

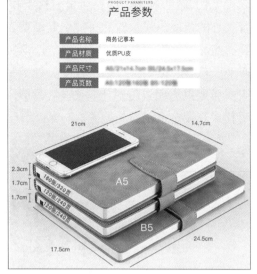

图4-21 | 运用参照物的某笔记本详情页文案

7. 逻辑引导消费者

优秀的商品详情页文案都有一定的逻辑顺序，全文会围绕商品的核心卖点来展开描述，并对卖点进行细分，从不同的角度切入以展示商品。下面就是商品详情页文案的一般逻辑顺序。

（1）品牌介绍（也可放到最后）。

（2）卖点图（引起消费者的阅读兴趣）。

（3）目标消费群体说明，即卖给谁。

（4）场景图，用以激发消费者的潜在需求。

（5）商品详细介绍，以赢得消费者的信任。

（6）购买本商品的原因，即购买本商品会得到的好处。

（7）本商品能解决的痛点。

（8）同类型商品对比，包括价格、材质和价值等。

（9）第三方评价，以加强消费者的信任。

（10）商品的非使用价值体现（最好通过图文搭配的形式来体现）。

（11）使用本商品后的效果呈现。

（12）为消费者寻找购买的理由，如自用、送父母、送恋人或送朋友等。

（13）号召消费者购买，为消费者做决定，即为什么应马上购买该商品。

（14）购物须知，包括邮费、发货和退换货说明等。

（15）关联推荐商品信息。

 **素养园地**

商品详情页文案的写作应符合相关规定。例如，根据国家药品监督管理局发布的规定，化妆品的功效宣称应当有充分的科学依据，禁止明示或者暗示其具有医疗作用。因此，商家要注意真实、准确地披露商品或者服务信息，保障消费者的知情权和选择权，同时要避免虚假宣传或欺骗、误导消费者。

4.2 商品促销活动文案写作

商品促销活动是指向消费者宣传经营商品及所提供的有关服务信息，以激发消费者的购买欲望，促进商品销售的活动。商品促销活动文案就是为宣传商品促销活动而写作的文案，可以起到为活动宣传造势、向消费者精准传达活动信息、吸引消费者参与活动等作用。由于商品促销活动一般都有一定的时间限制，宣传不到位会严重影响活动效益，所以电子商务文案人员必须重视商品促销活动文案，掌握商品促销活动文案的写作方法。

4.2.1 商品促销活动认知

对于商家来说，举行促销活动是商品销售的重要手段，而商品促销活动文案对于促销活动效果有着不可忽视的影响。常见的商品促销活动常配合网店重要事件（如开业、周年庆）、季节变化、商品周期、社会风俗、节假日、话题事件等开展，并会结合一些促销手段，如错觉折价、舍小取大、积分享兑、到店有礼等。电子商务文案人员需要充分了解这些促销手段的特点，这样才能用文案突出相关活动信息。

1. 错觉折价

错觉折价是商家比较常用的一种促销手段。和传统的打折不同，这种促销手段会带给消费者一个错觉：消费者所购买的商品虽然是原价商品，但是商家让出了部分利润，以优惠的方式返还给了消费者，消费者享受了优惠。图4-22所示为错觉折价示例，当购物金额达到一定数额时，消费者就可得到对应的优惠。相对于直接折扣，错觉折价可以同时满足消费者对商品品质和价格优惠的双重要求。相同的促销手段还有"花100元买130元商品"等。

图4-22｜错觉折价示例

2. 舍小取大

舍小取大是一种非常适合新店或者新商品的促销手段，具体做法是为某几种商品设置最低价格，进行亏本销售，但被吸引来的消费者会因连带销售的方式产生其他购物行为，使商家从其他商品的销量增长中获得巨大的利润。图4-23所示为舍小取大示例，虽然消费者可以用1元换购很多商品，但是通常需要在该网店中消费满一定金额才可以换购，而网店销售这些商品所获得的利润远远大于换购商品的成本。

3. 积分享兑

积分享兑是商家惯用的促销手段，只要消费者消费达一定的金额，就能兑换一定的积分，积分可以用来抽奖或者兑换优惠券、商品。消费者使用积累的积分并支付一定数量的金额，如0.01元、9.9元、29.9元等，可以兑换网店内不同价位的商品。这种促销手段会让消费者产生实惠的心理，愿意一直光顾网店来增加积分，从而不断地给网店带来营收。图4-24所示为积分享兑示例。除此之外，消费者享受积分享兑服务的前提是成为网店会员，这无疑促进了网店的粉丝积累，有利于网店的新品推广与销售。

图4-23 | 舍小取大示例

图4-24 | 积分享兑示例

4. 到店有礼

商家开展到店有礼促销活动主要是为了增加网店流量，到店有礼促销活动面向的消费者多且没有门槛要求，所以应用十分广泛。但商家送出的礼物价值通常不会太高，一般是积分或金额较低的购物券等。

4.2.2　商品促销活动文案的写作要求

商品促销活动文案要充分发挥作用，就需要突出活动信息。有些电子商务文案人员会将其与商品促销活动方案混淆，实际上，两者具有较大差别。商品促销活动方案是为了确保活动顺利开展而被要求事先制订的方案，其内容包括活动目的、活动时间、活动地点、预期效果、预算及活动方法等，是对活动全方位的规划。商品促销活动文案的内容则更为精简，即便是篇幅较长、内容较详细的商品促销活动文案，其写法也不与商品促销活动方案相同，不会涉及活动预算与预期效果等内容。通常商品促销活动文案的写作可以参考以下要求。

- **精准传递活动信息** | 活动信息主要指活动的时限、地点、要求、规则等，可简要介绍，但需注意：针对线下具体门店的活动，必须说明地址，若针对网店，则可以忽略地址。
- **紧扣主题** | 商品促销活动文案要有具体的活动内容，如抽奖、折扣、清仓等，电子商务文案人员在写作时要紧扣主题，同时要突出优惠力度。
- **创意文字** | 优秀的文案内容、独特新奇的字体设计都可以提升文案的吸引力，提升文案的分享魅力，吸引消费者的注意力。

专家指导

　　商品促销活动文案的写法并无统一的规范，可以是一句简单的活动口号或标语，也可以是篇幅较长的活动信息。

4.2.3 商品促销活动文案的写作技巧

　　电子商务文案人员应根据促销活动的主题和促销手段来写作商品促销活动文案，通常可以利用以下3个写作技巧。

1. 文案标题使用高频词组合

　　写作商品促销活动文案的主要目标是促进商品销售、获取利润。文案标题太直白，消费者会反感；标题太隐晦，又往往达不到曝光效果。经总结发现，在不同商品的促销活动文案中，总是有一些内容是相同的、经常出现的，这些就是高频词。在文案标题中使用高频词能起到吸引消费者、提高转化率的作用。商品促销活动文案标题中常用的高频词有以下6种类型。

　　（1）免费。文案标题中一旦出现"免费赠送""免费品尝""第二件免费"等内容，其促销商品的销量通常都不会太差。

　　（2）省钱。如果促销商品可以帮助消费者省钱，只要在文案标题中突出显示节省的金额，通常就会吸引消费者更多的关注，如前面介绍的错觉折价促销手段，通常会直接向消费者展示节省的金额。

　　（3）好处。这个词对于消费者的吸引力也非常强，因为大多数商品都会有自己的不足之处。因此，电子商务文案人员在商品促销活动文案的标题中要尽量引导消费者将注意力集中在好处上，以最大限度地减少商品缺点所带来的销售限制。

114

（4）健康。随着消费者对身体健康的关注度日益提高，越来越多的商品促销活动文案也开始与健康挂钩，注重展示商品的健康成分，以此吸引消费者的关注。图4-25所示为利用健康类高频词的促销活动文案，其中有"大自然"等与健康相关的词，展示了商品的良好品质，有利于获得消费者的信任。

（5）保障/保证。网络购物较大的缺点就是消费者无法亲自接触实物，不能获得真实的使用感受。如果商品促销活动文案能够为消费者提供某种保障或保证，如该商品不会浪费钱或时间、不会伤害健康、实物和图片完全一样、完全具备文案描述的功效等，就更容易获得消费者的信任，促成交易。图4-26所示为某品牌发布的商品促销活动文案，其中既有商品促销信息，又向消费者承诺了"坏果包赔"，向消费者展示了其优质的售后服务，同时暗示该商品品质有保障，容易获得消费者的信任。

图4-25｜利用健康类高频词

图4-26｜提供保障

（6）操作简单。现在很多商品的功能越来越全面，操作也越来越复杂。对于习惯简单生活的消费者来说，包含"您只需轻轻一摁……""全自动……"等词语的商品促销活动文案标题更容易吸引其关注。

2. 善用字体设置

商品促销活动文案表达主题的载体主要是文本，因此电子商务文案人员可以通过设置字体格式、文本方向和标点符号等起到吸引消费者关注、强调内容的目的。为文本设置不同的格式能够使文案内容的层次更清晰，让突出显示的文本富有表现力。

3. 结合情感诉求

情感诉求对消费者的购买行为有很大的影响，因此商品促销活动文案在表明价格优惠的同时还可结合情感诉求。充满情感的文案可以充分调动消费者的情绪，刺激消费者产生购买行为。例如，家装节的促销可上升至"家的温暖"，以调动消费者的情感；家居网店商品的促销，则可以利用"房子是租的，生活是自己的"等理念，抓住消费者对归属感的追求等。

尤其是某些节日，被赋予了情感主题，在该节日期间的促销活动，就要紧扣情感主题，刺激消费者消费。例如，母亲节时，某品牌的商品促销活动文案就借助母亲节的节日内涵，与消费者进行情感交流，部分内容如下。

爱要慢慢爱

话要好好说

××时光之礼

把美好的时光还给妈妈

在意她的每一次皱眉

和每一个微笑

××时光之礼

把美好的时光还给妈妈

××时光之礼 母亲节仅售299元

素养园地

商品促销活动虽与利相关，但电子商务文案人员也要弘扬中华传统美德，传扬人间真情，如传扬故土乡情、小爱大爱、仁义宽厚等，这样可以为社会带来正能量。

4.3 商品海报文案写作

海报以前主要是被用于说明话剧、电影等演出的广告，其以美观的设计吸引观众。如今海报的范围已不再局限于戏剧、电影演出的广告了，已经成为向消费者介绍有关商品、活动、公告等信息的招贴。在电子商务领域，商品海报文案主要用于介绍与宣传商品。

4.3.1 商品海报文案认知

商品海报文案的主要信息包括主标题、副标题和描述信息（如商品细节描述、商品促销信息）等，有的海报还会添加装饰文案（一般为英文字符，并没有重要的实际意义，只用于美化海报）。图4-27所示为一篇典型的用于宣传的商品海报文案，其标题为"全屏防粘不怕铲"，描述内容中的"不怕粘""不怕铲""不易黄"是商品的卖点。

图4-27｜商品海报文案

4.3.2 商品海报文案的写作技巧

作为将商品展示给消费者的直接方式，商品海报文案在很大程度上决定了商品海报传播的广度，好的商品海报文案能够在短时间内吸引消费者的目光。如果想让消费者了解文案能提供的价值，可以在文案中把消费者能得到的好处说清楚，这样消费者可以快速判断商品海报文案对自己是否有用，并决定是否关注其中展示的商品。下面介绍 5 种常用的商品海报文案的写作技巧。

1. 直接展示

这是一种常用的商品海报文案写作方式，即直接展示商品信息、形态、功能，或直接点出海报文案的目的，直接将商品推到消费者面前。在写作这类文案时要十分注意图片的搭配，注重画面上商品的组合和展示角度，应突出商品的品牌、商品全貌、商品质感等，运用光影、颜色和背景进行烘托，将商品置于一个具有感染力的空间中，这样才能增强海报画面的视觉冲击力。

图 4-28 所示就是直接展示的商品海报文案，其中的文字，如"陶瓷香挂已上新""4款香型""龙井煮雨、乌龙映月 枕边密语、浮世苦艾"等直接点出商品上新，并给出上新的商品香型；而"梅花鹿台灯""新中式"也直接概括出商品的特性，再结合精心营造的光影效果、独特的字体设计等，在直接展示商品的同时凸显了商品的品质，并给消费者美的享受，有利于激发消费者的消费欲望。

图4-28 | 直接展示

2. 突出特点

要想在同行业众多相似的商品海报文案中脱颖而出，在创作商品海报文案时，就需要抓住和强调商品或主题本身与众不同的特征，并把它们鲜明地表现出来，将这些特征置于海报页面的主要视觉部位，或对其进行烘托处理，使消费者能够立即感知到这些特征并引起视觉兴趣，达到刺激消费者购买的目的。

图4-29所示的耳机商品海报，通过"ANC降噪　享受无损音质"描述，搭配左人右文、大量留白的海报设计，突显出该商品降噪的卖点。

图4-29｜突出特点

3. 合理夸张

合理夸张是指对商品海报所宣传的品质或特性在某个方面进行夸大，以加深消费者对这些特征的认识的商品海报文案写作方式。这种方式不仅能鲜明地强调或揭示商品的品质，还能使商品海报产生一定的艺术效果。图 4-30 所示为某油漆品牌的海报，其通过合理夸张的文案，如"婴儿肌肤感""宝宝也能刷的漆"等表现漆的环保，突出商品的品质。

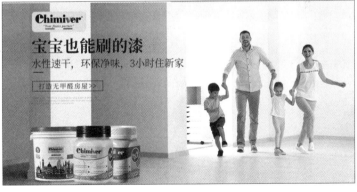

图4-30｜合理夸张

专家指导

　　按商品表现的特征，夸张可以分为形态夸张和神情夸张两种类型，前者为表象性的处理方式，后者则为含蓄性的情态处理方式。通过运用夸张，电子商务文案人员可以为商品海报文案注入感情色彩，使商品的特征更加鲜明、突出。

118 **4. 以情托物**

以情托物指在表现手法上侧重于以感情烘托主题。商品海报文案可以借用美好的感情来烘托主题，只需真实而生动地反映这种美好的感情就能获得以情动人的效果，发挥艺术的感染力量，从而达到销售商品的目的。

图 4-31 所示某为婚戒的商品海报，通过"我们的恩爱　秀给全世界看"表明商品蕴含着恋人之间浓厚的爱情，使商品具有象征爱情的美好寓意，从而提升商品的吸引力。

图4-31 | 以情托物

5. 对比衬托

对比衬托是一种在处理对立冲突艺术中经常采用的表现方式。除了简单的文案字体对比外，商品海报文案中的对比衬托主要表现为，将所描绘商品的性质和特点放在鲜明对照和直接对比中进行表现，借彼显此，互比互衬，借助对比所呈现的差别，达到集中、简洁、曲折变化的表现效果。采用这种方式，可以更鲜明地强调或揭示商品的性能和特点，给消费者留下深刻的视觉印象。

例如，某房地产的推广海报通过"车位多重要，一比才知道"的文案，以及有车位、没车位的环境对比描述与相关海报图片，对比衬托了车位的重要性，非常具有表现力。

专家指导

商品海报文案应保持统一的风格。例如服装品牌，如果商品风格是自然狂野、随性，则购买这类服装的多是新时代的时尚青年，在文案上也需要使用符合这类青年阅读习惯的文字。在确定文案写作基调后，所有的商品海报文案都要在统一的文案形式上进行扩展，在风格上保持一致。文案写作的目的是精准地找到需要该商品的消费者，因为消费者在购买商品的时候大都会对商品有某种憧憬，所以电子商务文案人员在商品海报文案中把消费者的憧憬表达出来，就能达到一定的推广目的。

4.4 商品评价回复文案写作

消费者对商品的评价是商家必须重视的内容，一旦出现中差评，会严重影响商家的消费者转化率和商品的搜索排名等指标，这就需要商家及时回复消费者的商品评价，解决消费者的疑问，以减少其对商品的不满，尽量避免出现中差评或减少中差评出现的概率。电子商务文案人员需要设计适合的商品评价回复文案，促进商品的销售。

4.4.1　商品评价回复认知

电子商务文案人员需要对消费者的不同评价进行不同的回复写作，这样才能让消费者感受到被重视，从而增加消费者对商品或品牌的好感。根据消费者对商品的不同评价，回复分为感谢型回复、解释型回复两种类型。

1. 感谢型回复

感谢型回复主要是对消费者的好评进行的回复，通常可以使用一种模式化的文案内容，主要目的是与消费者互动，增强存在感。当然，在感谢的过程中也可以向消费者介绍商品的用法、性能和卖点等，或者宣传品牌或网店可以提供的服务、引导消费者关注并了解店内商品等，这样可以进一步宣传商品，并帮助网店积累消费者，提高其忠诚度。

图 4-32 所示为某品牌电热水壶消费者评价下的感谢型回复，电子商务文案人员不但感谢了消费者，而且继续展示了其商品的功能和卖点，与消费者互动的同时进一步宣传了商品和品牌。

解释：做让您开心的事，交能让您开心的朋友，买让您喜欢的机子，您购买的这款机子整体采用精细CD纹理上盖设计，美观大方　　　，相信您会越来越喜欢的　　使用愉快，天天开心！【您还满意产品的话建议您收藏下店铺呢，方便您以后立刻找到宝贝和查看更多宝贝哦】

水壶收到啦！没有让我失望！是正品，无论从包装还是水壶细节看，都非常满意，外观简单大方，壶嘴一体设计非常好，里面的304食品级白钢，　　　　　，送给婆婆非常喜欢！全国联保一年价钱还实惠，比外面便宜多啦！看了很多家最后选择了这家店！！客服　　服务态度非常周到，必须好评！以后还会选择　　家产品

05.01

解释：　　用心出品，只为方便你我，　　出品，质量保障，这款水壶采用一体无缝内胆设计，人体工学手柄设计，简单实用又安全，后续使用中有问题随时联系这边的客服帮您解决哦～爱您~【欢迎您收藏我们的店铺，　　　　　，希望能为您带来不错的体验。】

图4-32｜感谢型回复

2. 解释型回复

如果消费者的评价中出现了非好评，或者消费者对商品表达了不满意、疑惑，产生了误会等，电子商务文案人员可以进行解释，在安抚消费者的同时打消其他消费者的顾虑，将不利评论的影响降到最小。

在某坚果面包的评论区，消费者表示了商品变薄不符合期望，并希望商品保持一贯的质量。这实际上会影响其他消费者的购买决策。解释型回复不仅提出了下次购买补送礼品的解决方案，还对面包变薄做出了解释，同时赞美了消费者的观察力，如图 4-33 所示，有利于提升网店形象并促进商品销售。

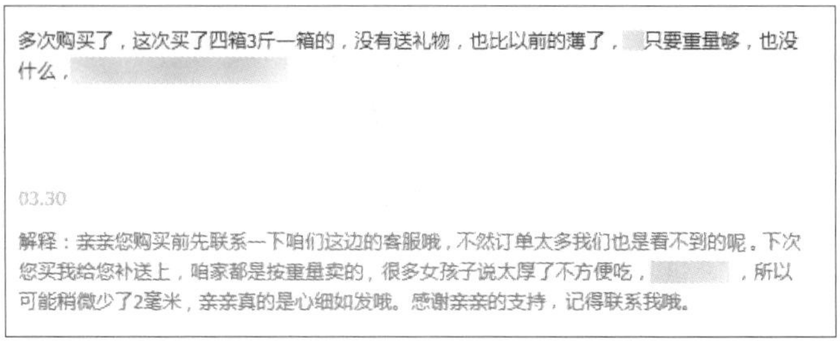

图4-33 | 解释型回复

专家指导

　　无论是回复好评还是中差评，都可以通过表达感谢、解释疑问和缺点等，向消费者介绍商品，并引导消费者产生某种行为，如引导消费者正确使用商品、关注品牌、注册会员、二次购买等，提高商品的转化率。

4.4.2　商品评价回复文案的写作技巧

　　商品评价回复文案主要根据消费者对商品的态度来写作。在面对给出中差评的消费者时，电子商务文案人员需要更加讲究文案写作技巧，尽可能减少消费者评价对商品销售的负面影响。

1. 模式化写作

　　模式化写作就是根据消费者评价的类型，撰写有一定格式的回复文案的写作技巧。商品销量较高的商家为了提高评价回复的效率，通常会采用这种写作技巧。模式化写作可以分为两种模式。

　　（1）好评回复模式。好评回复内容通常有感谢消费者、宣传商品或推广新品，其模式多为以下4种。当然，商家也可以根据品牌或商品的特点撰写具有个性的好评回复。

　　您的喜欢和肯定就是对我们最大的支持呢！看到您这样说心里真的很满足，希望您继续支持我们，爱您

　　喜欢您来，希望您再来××旗舰店。小店还为您准备了更多适合您的商品，期待您的再次光临。

　　感谢您的好评，我们会不断发布新品，更有红包与优惠券不定期发放，赶紧收藏小店吧！祝您生活愉快！

　　××××（好评感谢回复），成为××（品牌）会员享专属客服服务、购物积分权益，积分可兑换××（如家电清洗服务），进网店首页点击右下角"品牌会员"即可注册。

（2）中差评回复模式。回复中差评时要展示好的态度，在回答问题的同时还需要安抚消费者心中的不满情绪。常用的中差评回复模式有以下3种。

> 感谢您的评价，您给的中评是我们前进的动力，说明我们还有很多需要改进的地方，我们会更加努力，为您提供更好的购物体验，希望得到您的好评。
>
> 亲爱的，我们支持7天无理由退货，有任何问题请随时和我们沟通，我们将第一时间帮您处理，感谢您对小店的支持与信任。
>
> 亲爱的，这次的购物体验没能让您满意，非常抱歉，今后我们会更加努力，让您拥有好的购物体验。

2. 个性化写作

模式化回复虽然有礼貌、能提高工作效率，但太单调，看上去像是机器人在回复，很多消费者不能接受；而个性化回复能让消费者感受到商家的诚意，更容易让其接受。个性化写作有以下3个技巧。

（1）准备10种不同版本的回复。这需要商家从不同的角度回复，其版本与格式越多，消费者就越不会觉得是模式化回复，也越容易相信回复的内容。

（2）重点回复消费者提到的内容。消费者评价中提到的内容通常是其最关注的问题，而回复这些问题能让消费者感到自己被重视、被关注。

（3）使用昵称。亲、亲爱的、先生、女士、小可爱、客官……很多称呼都可以选用，只是需要根据场景选择使用。

3. 把解释变成宣传

许多商家会收到中差评，这就需要电子商务文案人员在写作回复文案时对中差评做出一定的解释。特别是对于同行恶性竞争和恶意差评，在向电子商务平台申诉的同时，电子商务文案人员需要写作评价回复文案来解释，将评价回复文案转变为宣传品牌或商品的窗口。写作解释型回复的过程中，可以突出以下4个方面。

（1）有针对性地对消费者给出差评的原因做出解释。

（2）注意解释的字数和语气，字数越多、态度越诚恳，越能说明商家对消费者所提出的问题是抱着积极、耐心的态度去解决的。

（3）给出承诺。承诺能说明商家对商品质量的保证、解决售后问题的决心，能够让其他消费者放心购买。

（4）引导消费者换购其他商品，如当消费者因某种原因对商品使用效果不满意时，可以在解释完成后，引导对方购买其他商品。其回复设计如下。

> 亲，您好，首先感谢您的评价，针对您说的使用扩香石没味道的问题，我们看了您的描述，发现您购买的是淡香精油，且用量未达到标准，因此香味较淡。对此，您可以选择多添加精油用量，香味浓度即可随之变浓。您也可以购买浓香精油，如檀香、香格里拉、茉莉香型，现在购买3支还能多送1支哦，希望可以满足您的需求。祝您本次购物愉快！

122 **4. 注意写作用词**

在写作商品评价回复文案时应尽量使用亲切、诚恳或幽默的词汇，这样既能平复因为商品有问题而产生不满的消费者的情绪，又能给其他消费者留下一个有亲和力的、温暖的品牌印象，提高消费者的购买概率。

4.5 本章实训

实训背景

陶瓷是陶器与瓷器的统称，是我国的一种传统工艺品。早在新石器时代，我国就已有各种彩陶和黑陶，后至魏晋时期，胎质坚实的瓷器在陶器基础上发展而来，成为我国对外交流的重要商品，并经由丝绸之路销往海外，我国也获得了"瓷国"的美称。陶瓷的繁荣发展和高水平制作使得陶瓷至今仍受到人们的喜爱。

福建省泉州市德化县是我国著名的陶瓷产区，制陶历史悠久且烧制技艺非常好，是不少陶瓷的原产地，小罗任职网店的陶瓷器就产自福建泉州。近期，网店新上架了一款描金花瓶，小罗将为其撰写商品详情页文案。另外，为了提升消费者的购买体验，维护网店形象，小罗还需要撰写商品评价回复文案。

4.5.1 撰写陶瓷商品详情页文案

商品详情页文案是对商品信息的全面介绍，小罗打算根据商家提供的商品信息和图片，设计出图文精美、卖点突出的商品详情页，让消费者放心购买。商品外观和基本信息如图 4-34 所示。

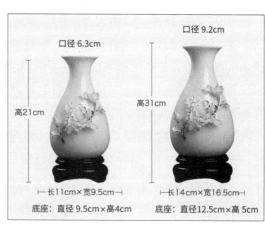

图4-34｜商品外观和基本信息

1. 实训要求

（1）了解商品详情页文案的具体内容。

（2）结合使用商品详情页文案的写作技巧。

2. 实训准备

商品详情页主要由图片、商品介绍和其他部分构成。综合本章所写的知识，结合该描金花瓶来看，在图片的选择上，可以选择商品展示图、细节图、操作图、场景图。在商品介绍方面，需要介绍商品类型、尺寸、重量等具体参数，将描金花瓶的功能和审美价值作为卖点，把包装、售后、物流等内容作为商品详情页的其他部分，并适当添加关联推荐等信息板块。

3. 实训步骤

撰写陶瓷商品详情页文案的操作思路如下。

（1）设计商品焦点图，如图4-35所示，根据陶瓷风格，可以选择原木架子和中式海棠纹样窗格，体现我国传统元素，以符合商品的风格定位，奠定整个商品详情页的风格基调。

（2）策划商品属性文案，如图4-36所示，可以从商品的具体尺寸、类型、材质、重量等入手，向消费者介绍商品的详细信息，使其形成对商品的初步认识。

图4-35｜商品焦点图

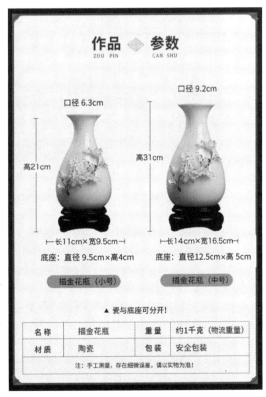

图4-36｜商品属性文案

（3）策划商品卖点文案，如图4-37所示，全方位展示商品，可以从商品的生产工艺、商品使用场景、商品细节、商品内涵、商品使用注意事项等入手。例如，手工捏制拼接，制作难度大；三款花型，寓意各不相同。另外，还需要对商品潜在的可能引起争议的因素，如商品瑕疵、退换货、色差等做出说明，这样既可以帮助消费者消除购买疑虑，又可以为网店避免一些后续麻烦。

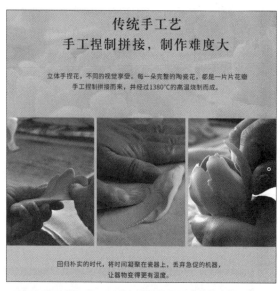

图4-37｜商品卖点文案

描金花瓶 梅花
高洁、坚强、谦虚的品格

描金花瓶 荷花
出淤泥而不染

描金花瓶 牡丹
花中之王，雍容大度，花开富贵，是吉祥富贵的象征

图4-37 | 商品卖点文案（续）

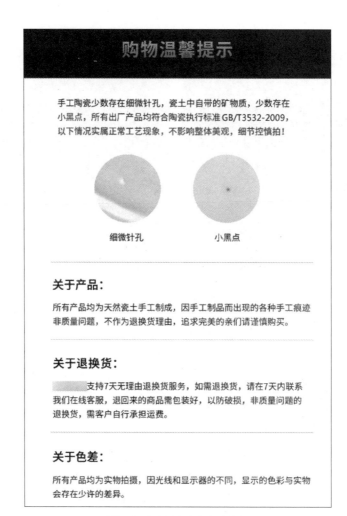

图4-37 | 商品卖点文案（续）

（4）策划并写作商品包装、售后服务文案，如图 4-38 所示，可通过展示商品精细的包装和"破损免费补发""7 天无理由退换"等进一步激发消费者的购买欲望。

图4-38 | 商品包装、售后服务文案

（5）策划并写作品牌文案，如图 4-39 所示，可从品牌故事、品牌设计理念等入手，宣传网店品牌，塑造品牌形象。

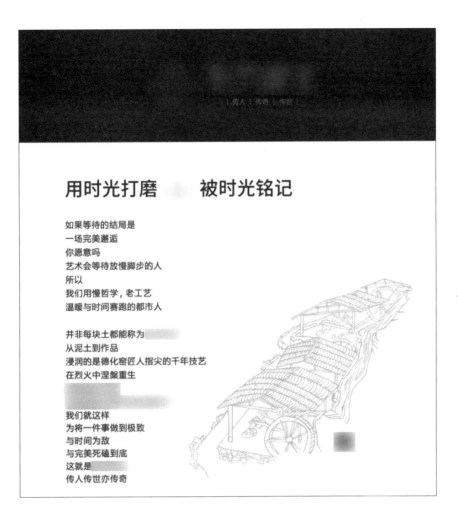

图4-39 | 品牌文案

4.5.2 撰写陶瓷商品评价回复文案

收到消费者评价之后，及时对消费者的回复做出反应也有利于树立良好的品牌形象，获得消费者的好感，促进网店的宣传推广。接下来小罗将撰写商品评价回复文案。

1. 实训要求

（1）掌握感谢型回复的写法。

（2）掌握解释型回复的写法。

2. 实训准备

感谢型回复主要起对消费者的支持表示感谢，并引导消费者关注网店的作用；解释型回复则针对消费者不满的原因给出解释，起维护网店形象，适时引导消费者关注网店其他商品的作用。在撰写回复文案时，为了加深消费者对网店的印象，还可在其中加入网店名称。可以在电子商务平台中搜索其他网店的回复，以作为参考。

128 **3. 实训步骤**

撰写陶瓷商品评价回复文案的思路如下。

（1）写作感谢型回复。小罗可以直接对消费者表达感谢，还可以顺势推广网店的其他活动或商品。以下为文案示例。

> 阳光温暖着大地，您温暖着我们。每一个满意、每一个好评都是我们前进的动力。感谢您对我们的支持，欢迎您下次光临，祝您生活愉快！
>
> 非常感恩亲诚恳的评价，感恩如此用心的图片。美好的家居用品就该如此，拥有好的设计理念！欢迎亲再次光临，每周二上新哦！
>
> 亲，谢谢亲对小店的支持，及时好评，小店会一如既往地为您提供最好的服务哦！

（2）写作解释型回复。小罗需对消费者不满的原因做出解释，让消费者放心购买，或者诚挚地对对方表示歉意，承诺改进等。以下为文案示例。

> 亲，抱歉呢，由于最近物流站点繁忙，所以延迟派送，还望您谅解，我们已经催促了！
>
> 您好，非常抱歉给您带来不便，感谢您的评价，我们会继续努力完善。感谢您的支持，祝您购物愉快！

 巩固与练习

1. 选择题

（1）以下选项中，属于商品详情页文案中常见的图片类型的是（　　　）。

    A. 商品展示图与细节图　　　　　B. 商品功能及设计图

    C. 操作演示图与场景图　　　　　D. 以上选项皆包括在内

（2）商品详情页文案的核心是（　　　）。

    A. 商品介绍　　　　　　　　　　B. 商品图片

    C. 第三方评价　　　　　　　　　D. 商品参数

（3）对商品品质或特性做某方面的夸大指的是商品海报文案写作方式中的（　　　）。

    A. 直接展示　　　　　　　　　　B. 突出特点

    C. 合理夸张　　　　　　　　　　D. 对比衬托

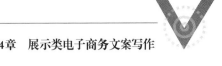

（4）为某几种商品设置最低价格，进行亏本销售，但被吸引来的消费者会因连带销售的方式产生其他购物行为，使商家从其他商品的销量增长中获得巨大利润的促销手段指的是（ ）。

    A. 错觉折价   B. 一定时间内促销

    C. 打折降价   D. 舍小取大

2. 简答题

（1）简述商品海报文案的写作技巧。

（2）商品评价回复文案有哪些类型，请分别举一个例子。

3. 材料题

探索浩瀚宇宙是中华民族数千年来不变的追求，也是全人类共同的梦想。从第一颗人造卫星发射，到神舟五号载人飞船成功升空并安全返回，再到"嫦娥"奔月、"天问一号"成功着陆火星等的实现，我国的航天事业不断刷新"中国高度"。航空梦是飞天梦，也是中国梦，对航天事业的热爱吸引着一代代的人勇于追梦，不断创造着我国航天事业新辉煌。在儿童益智类玩具中，航天模型拥有着不小的吸引力，这些玩具不仅可以锻炼孩子的动手能力，还有助于培养孩子的探索精神。图4-40所示为某网店航天飞机发射中心积木模型的相关信息，请根据提供的信息设计商品详情页，具体内容按设计顺序有序绘制或排列即可。

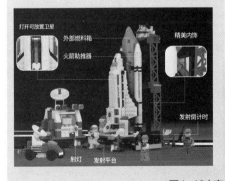

  ■ **产品品牌**：   ■ **适合年龄**：6岁以上

  ■ **产品货号**：T3017   ■ **总颗粒数**：1068 颗粒

  ■ **包装尺寸**：56cm×40cm×7cm   ■ **产品尺寸**：26cm×46.8cm×22.8cm

图4-40 | 商品信息

5

品牌类
电子商务文案写作

学习目标

【知识目标】

| 熟悉电子商务品牌文化的特征、功能和作用。

| 了解电子商务品牌文案的写作流程。

| 熟悉电子商务品牌文案的写作类型和写作要素。

| 掌握电子商务品牌文案的写作技巧。

【能力目标】

| 能够依据品牌文案的写作流程快速完成品牌文案写作。

| 能够写作不同类型的品牌故事文案。

【素质目标】

| 具有端正的工作态度，富有工匠精神。

引导案例

谭木匠是一个专心做梳子的品牌。在不计其数的消费品品类中，梳子只是其中一个很小的细分品类，但谭传华开设了集梳理用品、饰品于一体的专业化公司，并将其打造成为知名的木梳品牌，还在中国香港成功上市。谭木匠成立于二十世纪九十年代，奉行"我善治本""好木沉香"的方针，将传统工艺与现代专利抛光、插齿技术等结合起来，对我国传统木梳技艺进行了传承和精进，从而保障消费者舒适的使用感受。同时，其进一步将实用与艺术结合，创造了多样的梳体造型，满足了消费者的审美需求。在品牌建设上，谭木匠形成了"城市、劳动、快乐"的企业文化，确立了"做全球的一把梳子"的理念，坚持"传承"与"创新"融合，"坚守"与"精进"并行，以此成就了如今"东方美梳"的称号。

谭木匠的品牌故事很多,有创始人谭传华从一个失去右手的农村孩子成了老师,又选择浪迹天涯,最终选择回乡创业的经历,也有讲述企业经营过程及员工的故事。谭木匠的员工中,近一半是残疾人,其品牌故事不仅体现了企业的人文情怀——一种关于"美好"与"爱"的情感,还有对制作工艺和细节的介绍,很好地体现了谭木匠的匠人精神。

这些故事成为谭木匠开拓电子商务营销之路的重要情感媒介。谭木匠引入传统文化因素,并开发"凤求凰""自在锦鲤""金玉满堂"等系列商品,在消费者心中留下了一个"手工艺""传承""创新""传达爱"的品牌形象。图5-1所示为谭木匠官网首页的品牌理念及部分品牌故事。

这两个故事中,一个讲述了谭木匠的忠诚消费者到万州工厂体验木梳制作过程的故事,通过细节表现了谭木匠对工艺的追求,值得消费者信赖。另一个讲述了除夕当天,不能回家乡过年的消费者与谭木匠的故事,对方希望谭木匠可以帮助自己打印亲手绘制的与女友的合照,随木梳礼盒一起邮寄给异地的女友,故事的最后,谭木匠完成了对方的心愿,这不仅体现了谭木匠贴心的服务,还让谭木匠成为传递爱的桥梁。这两个故事都体现了谭木匠传递美好、匠心工艺的品牌文化,非常贴合其品牌理念,很好地提升了品牌形象和消费者好感度。

> 谭木匠人用始终如一的匠人精神,用心传递文化传统的美好心意,精雕细琢之下,才有每一份传达美好的信使。人的一生是一部充满了情感的剧,无论是儿女情长的爱情篇章,还是寸草春晖的亲情篇章,⬜⬜⬜,"美好"二字是你最想要诠释的剧本

| 首页 | 产品 | 活动 | 品牌 | 加盟 | 关于 | 请输入关键词 |

> 梳情花园开展的第二天,有位特别的客人向我预约要来现场体验。为什么说他特别呢?因为他不仅是谭木匠的"老乡",还与谭木匠同年出生,更重要的是,他深深爱着谭木匠,用他的话说就是"他是达人就要推广谭木匠"。
>
> 他与谭木匠缘起于2017年,还是一个大三学生的他只身来到万州工厂"探秘",看到了万州厂桃花源般的人与物后,自此开始爱上谭木匠,誓与谭木匠白头偕老。
>
> 整个制作过程中他总是非常耐心,一直悉心请教现场工作人员,没有抱怨累。我告诉他:一般画片就有很多人觉得累了,整个过程做下来他们就会知道谭木匠的木梳贵在哪里。他听后却说:让更多人知道才好,更多人知道才会有更多人选择去传承啊~
>
> 从画形到刻字,他的一把小木梳终于在两个多小时的手作中完成了,每道工序,每个步骤他都乐在其中。刻字时,他说把这把小木梳一定要送给与他白头偕老的人,他要与谭木匠一起白头偕老!

图5-1 | 谭木匠品牌理念与部分品牌故事

首页	产品	活动	品牌	加盟	关于

今天是除夕，和往常一样，一上班各自都忙碌了起来。一早客服同事找到我，说遇到一位棘手的顾客，该顾客由于疫情原因，今年春节没有回老家，但初三又███，想给老家的女朋友买套梳子，还有自己手绘的他们的合照，想让我们一起邮寄，可是我们的打印机没有打印照片的功能，没有办法满足他的要求。

于是我加了顾客的微信，想和他解释下，顾客带着恳求的语气跟我说道：能不能帮忙去找一家能够打印照片的店，路费和误工费由他出。

他阐述███他们是大学老乡聚会上认识的，也算是一见钟情吧，刚开始追这个女生时，女孩子不相信一见钟情，追了差不多一年的时间，才让女孩子心动，最后两个人走到了一起。

毕业后，为了更好地发展，他去了上海，女孩子回到了老家，一直都是异地恋，到现在他们在一起也有5年了。双方原定今年春节订婚的，可是，男孩子没有办法回老家，谭木匠的梳子和他亲手绘制的合照，是给女孩子的定亲礼物，让我想想办法……

顾客情意满满，叙述了他们来之不易的爱情，虽然只是简简单单的，没有任何华丽文字，但真情实感打动了我。

想着今天是除夕，街上很多店铺早早就打烊了，一收到顾客发过来的合照，我就去街上寻找打印店了。功夫不负有心人，最后还是让我找到了一家，顺利完成了任务。赶在顺丰师傅当天最后一次取件之前，把快递邮寄了出去。

当天，我收到了顾客的微信，说他女朋友收到了礼物，很开心、很感动。再次感谢我们，感谢谭木匠。

异地恋不容易，有情人终成眷属。这是我回复该顾客的话。简简单单几句，也是我们谭木匠对所有异地情侣的寄语。
我们谭木匠能做的，也是让爱尽量不会迟到。

图5-1 | 谭木匠品牌理念与部分品牌故事（续）

品牌故事文案是针对品牌文化写作的，用于树立品牌形象、推广宣传品牌、促进商品销售的一种文案。因此，要写作品牌类电子商务文案，需要先认识电子商务品牌文化，并掌握品牌故事写作的相关知识。要写出具有影响力的、让消费者记忆深刻的品牌文案，电子商务文案人员首先要了解电子商务品牌文化的特征、功能与作用，然后在此基础上将文字与品牌文化融合起来，写出既能体现企业精神，又能够打动消费者的文案。

5.1 电子商务品牌文化认知

品牌文化是指品牌在经营中逐渐形成的文化，代表着品牌自身价值观。换而言之，品牌文化也是企业无形资产、软实力的体现，可以用以提升品牌内涵，吸引消费者。

不管电子商务企业规模与名气大小，都应该拥有自己的品牌文化，这样才能拥有更多忠诚的消费者，促进市场的稳定和扩大，增强品牌的竞争力。品牌文化具有很大的价值，也是优质电子商务文案的主要输出内容。要想写出好的电子商务文案，电子商务文案人员应充分认识和了解电子商务品牌文化。

5.1.1 电子商务品牌文化的特征

在电子商务市场竞争中，为了获取更多的消费者，许多商家将打造品牌作为战略目标。而电子商务品牌文化作为品牌塑造的核心，通常具有以下特征。

1. 内容广泛

与传统商业模式相比，电子商务模式有着更加广泛的消费者，由于网络的虚拟性，很多潜在或隐形的消费群体不能很好地被定位。因此，电子商务品牌文化的内容必须足够广泛，才能尽可能多地覆盖消费群体。

2. 传播成本低、效果好

电子商务时代的网络发达、信息传播快，商家的品牌文案基本都可以基于网络平台实现传播，因此，品牌文化可以不受时间、空间限制地传递给消费者。而消费者既可以是信息的浏览者又可以是信息的发布者，这促进了品牌文案的二次传播。

3. 具备差异性

电子商务行业内，不同品牌关注的领域、生产的商品等有诸多不同，企业家创业的初心也各不一样，这自然造就了电子商务品牌文化之间的差异性。

4. 不断发展

电子商务品牌文化一旦形成，就会长期以较稳定的形态存在，不会因个别因素的变化而发生改变。但正所谓没有成功的企业，只有时代的企业，品牌需要随时代的发展不断革新，品牌文化自然不会一成不变，而会与时俱进，不断加入新的内容，丰富原有的品牌文化内涵。

专家指导

由于品牌网络营销频繁，且都遵循主流的价值观念，所以，许多电子商务品牌在品牌文化方面也存在共性，尤其是同类型品牌。例如，都追求高品质，或都以消费者为中心等。

5.1.2 电子商务品牌文化的功能

品牌文化是一种看不见摸不着的精神动力，一旦形成，就会对企业的经营管理产生巨大影响。它不仅可以增强品牌的竞争力，还能增强企业员工的工作积极性，吸引更多的消费者成为品牌的追随者。总的来说，品牌文化有以下几种功能。

1. 导向功能

品牌文化的导向功能体现在两个方面，一是企业内部，二是企业外部。

- **企业内部** | 品牌文化集中反映了员工的共同价值观，因而具有强大的号召力，能

够引导员工为实现企业目标而努力奋斗，使企业一如既往地健康发展。

- **企业外部** | 品牌文化所倡导的价值观、审美观和消费观，可以对消费者起到引导作用，把消费者引导到和企业主张一致的轨道上来，从而提高消费者对品牌的追随度。

2. 凝聚功能

在企业内部，品牌文化是团队建设的精神力量，它可以从各个方面、各个层次把全体员工紧密地联系在一起，使他们为实现企业的目标和理想同心协力、奋力进取。在企业外部，品牌所代表的功能属性、利益认知、价值主张和审美特征会对认同它的广大消费者产生吸引力，从而大大地提高消费者对品牌的忠诚度。同时，它还可能吸引其他品牌的使用者，使其成为本品牌的追随者。

3. 激励功能

优秀品牌文化一旦形成，可以促使企业内部形成一种良好的工作氛围，激发企业员工的责任心、荣誉感和进取心。对消费者而言，品牌的价值观、利益属性、情感属性等可以丰富消费联想，激发消费欲望，使他们产生购买动机。因此，品牌文化可以将精神财富转化为物质财富，为企业带来高额利润。

4. 约束功能

品牌文化中包含的规章制度和道德规范不仅要求企业在生产经营过程中规范员工行为，还能通过消费者的监督，保障商品的质量。

5. 推动功能

品牌文化可以推动品牌长期发展，使品牌在市场竞争中获得持续的竞争力，也可以帮助品牌克服经营过程中的各种危机，使品牌健康发展。但是，通过品牌文化提升品牌经营效果是一个积累过程，一般不会出现立竿见影的效果，因此需要持之以恒地建设品牌文化，才能获得良好的成效。

6. 协调功能

品牌文化并非一成不变，企业可以根据自身的发展、社会经济的发展、消费者需求的变化等因素调整品牌文化，以适应社会的不断发展，满足消费者不断变化的需求，保证企业和社会之间不会脱节（即使脱节也能很快适应社会）。

5.1.3　电子商务品牌文化的作用

品牌文化由品牌物质文化和品牌精神文化两部分构成，二者分别代表了品牌的有形资产和无形资产。优秀电子商务品牌文化的作用主要包括以下几点。

1. 提升品牌竞争力

品牌文化的塑造受商业动机支配，即通过品牌文化来提升品牌竞争力，从而谋求更多商业利润。事实上，品牌文化作为一种精神文化，对内可以增强文化凝聚力，对外可以推动企业无形资产变为有形资产，即被消费者认同，与消费者产生共鸣后，无形的文化价值将转化为有形的品牌价值，使品牌在市场中保持活力，而宣传品牌文化的一系列活动，则有助于增强企业的竞争优势。

2. 满足消费者的文化需求

品牌文化的建立可以让消费者在享受商品带来的物质利益的同时，满足文化需求。例如，现在许多企业利用各种不同的电子商务文案主题，输出品牌态度和理念，并宣传推广品牌，就是想通过满足消费者精神文化方面的需求，达成营销目的。

3. 有利于提高品牌忠诚度

消费者对品牌的忠诚程度不一，有坚定的，有多变的，其中持坚定态度的消费者对品牌最有价值。由于市场竞争激烈，商品品牌之间的差异正在缩小，要想让消费者识别品牌，就需要赋予品牌独特的文化。要让消费者愿意购买商品，认同品牌，除了商品本身质量过硬之外，还应让品牌传达的某种态度和价值理念得到消费者认可。因此，可以说品牌文化具有提高消费者的品牌忠诚度的作用。

例如，华为致力于构建万物互联的智能世界，并在通信网络、IT、智能终端和云服务等领域为客户提供有竞争力、安全可信赖的商品、解决方案与服务，与生态伙伴开放合作，持续为客户创造价值，坚持围绕客户需求持续创新，加大基础研究投入，厚积薄发，推动世界进步。同时，华为坚持可持续发展战略，持续关注生态环保和气候变化等议题，与国际接轨，利用技术创新助力社会可持续发展。可见，华为的品牌文化实际上满足了消费者追求科技创新、关注环保及支持可持续发展战略的精神文化需求。另外，华为不断向外扩展业务，提升国际影响力的态度和行为有助于提升消费者的民族自豪感，所以品牌得到消费者的认同和肯定，品牌形象得到进一步提升。图5-2所示为体现华为品牌文化的文案。

图5-2 | 体现华为品牌文化的文案

华为█████：持续创新，共建绿色智能世界

华为中国 V | 04-26 20:33 | 投诉   阅读数：91976

[中国，深圳，2022年4月26日] 华为第19届全球分析师大会在深圳开幕。本届大会采用线上与线下相结合
的方式，聚焦"未来探索、产业创新、数字化与低碳化"等话题，与全球行业分析师、财经分析师、意见领袖
及媒体等，共同探讨未来趋势和产业发展策略。

华为轮值董事长████在大会上发表了"持续创新，共建绿色智能世界"的主题演讲。████表
示："持续强化创新能力，牢牢抓住千行百业数字化、智能化以及人类社会低碳化发展的两个大机
遇，是华为走向未来的关键。"

图5-2 | 体现华为品牌文化的文案（续）

专家指导

　　品牌文化可以影响消费者对商品的判断，因为品牌文化不同，消费者对品牌形象
和品牌商品的认识也就不同，这有助于品牌利用差异化塑造独特优势。此外，品牌文
化对消费者对商品的判断的影响还表现在消费者会因为对品牌文化感兴趣而主动了解
品牌商品，这将有助于企业在市场中获利，如提升品牌影响力、促进商品销售等。

5.2　电子商务品牌文案的写作流程

　　一个生动的品牌故事可以带给消费者深刻的认同感，有助于引起消费者共鸣、传播品牌
文化、塑造品牌形象，所以，电子商务文案人员要遵循"理念故事化，故事理念化"的写作
原则。品牌故事是蕴含着一定理念、可以引发消费者思考的真实故事，是可以放到企业生产
经营、管理实践的背景中审视的。品牌故事是品牌文化建设的情景故事，在叙述故事的同时，
电子商务文案人员还可以在其中发表自己的观点和看法。电子商务品牌文案的写作流程如下。

5.2.1　收集整理

　　要想写出生动的品牌故事，就必须深入地探究与分析品牌和商品本身，了解品牌和商
品的定位、文化内涵、诉求、面对的消费群体、竞争对手等。只有具备深厚的知识储备，
才能写出生动的品牌故事。

5.2.2　确定主题

　　主题是故事的核心，是电子商务文案人员想要在故事中表达的贯穿全文的中心思想。

通常品牌故事的主题可来源于品牌历史、品牌资源、品牌个性、品牌价值观和品牌愿景等。

　　电子商务文案人员收集了足够的信息后，就可以从这些信息中提炼出品牌所要表达的思想，以品牌为核心进行故事化讲述，深度展示与品牌相关的时代背景、文化内涵、社会变革或经营管理理念，讲述一个主题明确的品牌故事。

　　例如，德芙（DOVE）就蕴含着一个品牌故事，"DOVE"是"DO YOU LOVE ME"的英文缩写。图5-3所示为德芙的品牌故事，讲述了莱昂和芭莎错过的爱情，并传递出"爱他（她），就告诉他（她）"的主题。

　　1919年的春天，卢森堡王室。后厨的帮厨——莱昂整天都在清理碗碟和盘子，双手裂开了好多口子，当他正在用盐水擦洗伤口时，一个女孩走了过来，对他说："你好！很疼吧？"这个女孩就是后来影响莱昂一生的芭莎公主，两个年轻人就这样相遇。

　　因为芭莎只是费利克斯王子的远房亲戚，所以在王室里地位很低，稀罕的美食——冰淇淋，轮不到她去品尝，于是莱昂每天晚上悄悄溜进厨房，为芭莎做冰淇淋，芭莎教莱昂英语。情窦初开的甜蜜萦绕着两个年轻人，不过，在那个尊卑分明的保守年代，由于身份和处境的特殊，他们谁都没有说出心里的爱意，默默地将这份感情埋在心底……

　　20世纪初，为了使卢森堡在整个欧洲的地位强大起来，卢森堡和比利时订立了盟约，为了巩固两国之间的关系，王室联姻是最好的办法，而被选中的人就是芭莎公主。

　　一连几天，莱昂都看不到芭莎，他心急如焚。终于在一个月后，芭莎出现在餐桌上，然而她整个人看起来异常憔悴。莱昂在准备甜点时，用巧克力为了几个英文字母"DOVE"——"DO YOU LOVE ME"的英文缩写，他相信芭莎一定猜得到他的心声，然而芭莎发了很久的呆，直到热巧克力融化。几天之后，芭莎出嫁了。

　　一年后，莱昂离开了工作，带着心中的隐痛，悄然来到了美国的一家高级餐厅，这里的老板非常赏识他，把女儿许给了他。时光的流逝，平稳的事业，还有几个孩子的降生，都没能抚平莱昂心底△△的创伤，他的心事没有逃过妻子的眼睛，她伤心地离开了。莱昂一直单身带着儿子，经营者他的糖果店。

　　1946年的一天，莱昂看到儿子在追一辆卖实冰淇淋的车，记忆的门锁时被撞开。自从芭莎离开后，莱昂便再也没有吃过冰淇淋。这次莱昂决定：继续那段未完成的研究。经过几个月的精心研制，一款富含奶油，同时被香醇的巧克力包裹的冰淇淋问世了，并被制上了四个字母：DOVE。德芙冰淇淋一推出就大受好评。

　　而正在此时，莱昂收到了一封来自卢森堡的信，信是一个在御厨干活的伙伴写给他的，从信中莱昂得知，芭莎公主曾派人回国四处打听他的消息，希望他能够去探望她，但却得知他去了美国。由于△△△△△△△△△△的影响，这封信到莱昂的手里时，已经整整迟过一年零三天，莱昂历经千辛万苦终于打听到芭莎。

　　芭莎和莱昂此时都已经老了，芭莎虚弱地躺在床上，目经济流淌速的眼睛变得灰蒙蒙。莱昂扑在她的床边，大颗大颗的眼泪滴落在他苍白的手背上。芭莎伸出手来轻轻抚摸莱昂的头发，用微弱到听不清的声音叫着莱昂的名字。

　　芭莎说，当时在卢森堡，她非常爱莱昂，以绝食拒绝联姻，被看守了一个月，她深知自己绝不可能逃脱联姻的命运，何况莱昂从未说过爱她，更没有任何承诺。在那个年代，她最终只能向命运妥协，离开卢森堡前她想喝一次下午茶，因为她想在那里与莱昂做最后的告别。她吃了他送给她的巧克力冰淇淋，却没有看到那些融化的字母。

　　听到这里，莱昂泣不成声，过去的误解终于有了答案，但一切却△△太晚！三天以后，芭莎离开了人世。莱昂听他人说，自从芭莎嫁过来之后，终日郁郁寡欢，身染疾病缠身，在得知他离开卢森堡并在美国结婚后，就一病不起。

　　莱昂无限悲哀，如果当年那冰淇淋上的热巧克力不融化，如果芭莎明白他的心声，那么她一定会改变主意△△△△△，如果那巧克力是固定的，那些字就永远不会融化，他就不会失去最后的机会。莱昂决定制造一种固体巧克力，使其可以保存更久。

　　经过苦心研制，香醇独特的德芙巧克力终于制成了，每一块巧克力上都被年年刻上："DOVE"，莱昂以此来纪念他和芭莎错过的爱情，它苦涩而甜蜜，悲伤而动人，如同德芙的味道。

　　当情人们送出德芙，就意味着送出了那轻声的爱情之问："DO YOU LOVE ME？"那也是创始人在提醒天下有情人，如果你爱他（她），请及时让他（她）知道，并深深地爱，不要放弃。

图5-3｜德芙的品牌故事

5.2.3　撰写初稿

　　完成以上两项准备工作后，电子商务文案人员就可以开始撰写品牌故事的初稿了。在通过故事介绍品牌时，一定要将品牌理念和品牌的各种内在因素——表达出来，让消费者可以轻松地、完整地了解品牌的全部信息。同时还要注重故事情节的表现，故事可以是浪漫的、励志的，也可以是温馨的、感人的，但好的故事一定要有起伏的情节和丰富的人物感情，这样才能带动消费者的情绪，给消费者留下深刻的印象。

1. 品牌故事的撰写角度

　　品牌故事的撰写角度并不单一，电子商务文案人员可以根据品牌需要呈现的效果来选择撰写故事的角度，如从企业、消费者、商品的角度等。从不同的角度切入可以写出不一样的生动故事，一样可以达到震撼人心的效果。一般来说，品牌故事的撰写角度有3种：第一种是技术的发明或原材料的发现故事，如可口可乐配方的故事；第二种是品牌创建者的某段人生经历，如海尔集团创始人张瑞敏怒砸不合格冰箱的故事；第三种是品牌发展过程中所发生的典型故事，如肯德基销毁当天卖剩的汉堡的故事。

　　品牌理论创始人杜纳·E.科耐普这样解释品牌故事："品牌故事赋予品牌以生机，增

138 加了人性化的感觉，也把品牌融入了消费者的生活……因为，人们都青睐真实，真实就是真品牌得以成功的秘籍。"因此，商品、感情、人是品牌故事中不可缺少的要素，只有将商品与人紧密地联系在一起，融入真挚的情感，才能让故事变得生动，吸引并感动消费者，最终达到良好的品牌传播效果。

2. 品牌故事所包含的内容

品牌故事需要包括5W1H，即人物、时间、地点、事件、原因和结果。电子商务文案人员必须了解品牌最想让消费者知道什么，这个故事要向消费者表达的内容是什么，如品牌创建者或领导者的某种精神和品质、先进的商品生产技术。一旦确定了故事的主题，就沿着这条主线进行讲述。例如，Biotherm（碧欧泉）品牌精神及特色，在于品牌名称中的"泉"字，以及商品外盒包装上的水波形状，如图5-4所示。

图5-4 | 碧欧泉品牌

图 5-5 所示为碧欧泉的品牌故事，以其材质来源为主进行描述。

图5-5 | 碧欧泉的品牌故事

5.2.4　修改稿件

写作品牌故事的过程中，可能存在语言组织不当、逻辑不通等问题，这些问题会造成故事阅读起来不流畅，因此电子商务文案人员需要仔细斟酌用词，选择适合品牌主题且能够表达品牌理念的词语或句子来进行阐述。写作完成后，还要通读和校对稿件，修改稿件中的错误，保证故事中没有错别字、没有语法不通等问题。

另外，品牌故事还应随企业的发展而发生变化，因此电子商务文案人员要根据企业发

展的变化来进行写作，融合企业新的理念和商品特色。图 5-6 所示为碧欧泉不同时期的品 **139**
牌文化。

60 年代：这是个属于美体的时代，碧欧泉推出首款防晒霜、首款纤体霜，还为女性创造了抗脂产品和紧肤产品。1967年，碧欧泉受到了比利时女性的欢迎；1969年，碧欧泉在加拿大掀起了一阵风潮。

70 年代：碧欧泉加入了欧莱雅集团，同时，碧欧泉在摩纳哥建立了全新的研发和生产中心。摩纳哥王妃格蕾丝到场参观，这也是碧欧泉总部的发源地。

80 年代：碧欧泉打破男士护肤禁忌，喊出了"呵护您的肌肤，彰显男性气质"的口号，推出了首款男士抗皱和首款男士防晒保湿露。

90 年代：经过20年的研究，由Lucien Aubert领导的碧欧泉生物学家团队成功萃取了纯矿泉浮游生物最具活性的部分。1998年，碧欧泉推出了获奖无数的镇派活泉水分露，成就保湿经典。

21 年代：碧欧泉以简约时尚、清新自然、动感健康的形象来到中国。碧欧泉实验室与斯坦福大学共同发现PTP矿泉活细胞因子精粹在肌肤新生和抵御外界侵害方面的出色能力。

图5-6 | 碧欧泉不同时期的品牌文化

5.2.5 定稿发布

品牌故事在审核完成后，就不再修改。接下来就要在适当的时机传播品牌故事，直到
取得目标消费群体的认同，在消费者心目中留下深刻印象。

5.3 电子商务品牌文案的写作类型

写作故事是一种与消费者产生情感连接和使消费者认同品牌价值的沟通方式。电子商
务文案人员无论选择写作哪种类型的品牌故事，都应根据自身条件和品牌特性找到能引起
消费者共鸣的地方，写出能打动消费者的内容。品牌文案包括以下 5 种类型。

5.3.1 历史型

讲述品牌的历史故事，是撰写品牌故事的常用方式。存在时间的长短有时是评判品牌
优劣的标准之一，在漫长岁月中，只有优秀的品牌才能存活下来，并做到历久弥新。历史
型品牌故事是通过展示品牌从创建至今的经历，变相地显示品牌经得起时间和消费者的检
验的故事。这类品牌故事一般包括以下内容：品牌从创建到走向成功所经历的困难、品牌
发展中发生的感人小故事、品牌每个发展阶段的关键举措、品牌所取得的成绩和获得的荣
誉等。历史型品牌故事可以传达品牌坚持不懈的精神，并表现品牌有一定的文化积淀，值
得消费者信赖，以此打动消费者，从而使消费者对品牌产生好感。图 5-7 所示为某零食品
牌的品牌故事，其强调了品牌悠久的历史和品牌的由来，表明了该品牌商品经过历史检

140 验，品质优秀，值得信赖。

缔造经典老味道

████████ ████████ 诞生于1927年，当年在海河西侧的东楼村十八街处，有个精明利落的生意人刘老八，出身面点世家，深得祖上真传，身怀面点绝技，尤其他炸的麻花备受欢迎。████████ 渐露锋芒，津城民众 ████ 频频光顾，喜爱有加，小铺字号被唤作"████████"，因地处"████"，故而得名 ████████。

图5-7｜某零食品牌的品牌故事

当然，并不是所有品牌都拥有悠久的历史，新成立的品牌也可以撰写历史型品牌故事。若某历史人物对新品牌的商品情有独钟，那么电子商务文案人员在为该品牌撰写品牌故事时，也可将这种关联作为切入点。

5.3.2 创业型

创业并不总是一帆风顺的，其中往往有许多坎坷，而在品牌有一定知名度后，人们往往会回顾这些故事，以此获得经验和激励。而对于品牌本身而言，关于创业经历的故事也可以展现不服输、不放弃的精神，这也是品牌理念和品牌态度的体现，因此，创业型品牌故事也是常见的品牌故事类型。

以下为白象的品牌故事节选，其讲述了该品牌从"烂摊子"发展到品牌巨头的经历。

1996年，隶属于河南省粮食厅的白象正经历资金亏损，濒临破产，时任白象集团董事长姚忠良临危受命，接手白象，成为白象的总经理。接手白象后，姚忠良并没有急于出手，而是开始分析当时的方便面市场：彼时，全球的方便面最多就是70克，国内的方便面品牌因为大多借鉴国外的思路，所以在重量方面没有太多改变。可现实是，当地人喜欢吃面食，70克的方便面压根不够吃。于是，姚忠良决定生产分量更多的方便面，结果白象方便面的销量大幅增长。

可是，"改变面饼的重量"对白象来说还远远不够，姚忠良开始大刀阔斧地改革。他先是开除企业内部一些"混日子"的员工，然后又高薪引进了33名具有大专学历的工人……

5.3.3 人物型

人物型故事也是品牌故事的重要类型之一，这里的人物主要包括两种，一种是品牌的创始人，另一种是品牌的管理人员或普通员工。

1. 品牌的创始人的故事

品牌的创始人通常会经历一个艰苦奋斗的过程，在很多次的失败后才能获得最后的成功，拥有或大起大落，或屡败屡战，或兢兢业业等经历。把这些经历写成一个品牌故事，通常能带给消费者正能量，表现出该创始人坚定的创业精神，或者希望通过努力，用自己的品牌和商品改变消费者生活，带给消费者幸福和快乐的初心。图5-8所示为三珍斋的品牌故事，故事中，创始人在食品领域的专研以及对三珍斋传统技艺的传承与发扬，很好地体现了其敬业、专注与创新的工匠精神。

品牌文化 / Culture	当前位置：首页 > 品牌文化 > 传人传记
◆ 传人传记	
◆ 品牌溯源	徐春乔同志生于1947年5月，祖籍江苏丹阳，出生于乌镇，求学于乌镇植材小学、乌镇中学，1964年初入桐乡食品公司乌镇食品站工作。初从事生猪屠宰、收购工作，徐春乔同志因工作出色，被上级任命为乌镇食品站副站长，负责整个食品站的工作，因形势条件所限，一直到1989年才又一手操办将"三珍斋"酱鸡厂复业，并亲自担任厂长，"三珍斋"老店得以重新开张营业。1992年"三珍斋"酱鸡厂扩大规模与外商合资成立嘉兴三珍斋食品有限公司，徐春乔同志一直担任董事长兼总经理至今，使"三珍斋"的传统技艺得以传承光大。
◆ 品牌内容	
◆ 品牌故事	

图5-8 | 品牌故事

素养园地

工匠精神是一种职业精神，一种专注品质、精益求精的优良品质。这是企业竞争发展的品牌资本，也是个人成长发展的道德指标，同时也承载着职业精神的核心价值，让人能干一行、爱一行、精一行。电子商务文案人员可以在文案中体现和弘扬工匠精神，同时自己也要践行工匠精神，做到执着专注、追求卓越、创新突破，努力成为专业的文案写作者，助力个人价值的实现。

2. 品牌的管理人员或普通员工的故事

品牌的管理人员或普通员工的故事主要是通过普通人的人生经历或闪光点来感动消费者的故事。故事主人公是品牌的管理人员或普通员工，讲述的也都是发生在这些人物身上的真实故事，真实地展现人物、事件和品牌商品，另外，生活化且自然的语言也让消费者有亲近感，因而更容易对品牌产生好感。以管理人员或普通员工作为品牌故事的主人公不仅容易塑造品牌个性化的形象，而且能够源源不断地提供新的素材。

例如，图5-9所示为某饮用水品牌发布的《最后一公里》品牌故事广告截图，该品牌故事讲述了该企业在西藏的一位业务代表——尼玛多吉在布达拉宫前最后一公里送水的事情。

图5-9 |《最后一公里》品牌故事广告截图

尼玛多吉一次次翻山越岭、经历严寒，只是为了把水送到客户手里。多年来他之所以一直坚守岗位，是因为在他看来，商品的品质不仅取决于工厂，还取决于他的服务。通过员工亲身讲述，这个感人的故事显得真实、质朴，体现了该品牌对质量和服务不变的高要求，该品牌故事广告取得了非常好的效果。品牌故事文案部分示例如下。

> 我现在已经37岁，我想给小孩做个榜样，我爸爸的公司就是这个，农夫山泉就跟我的小孩一样对待，爱护它，保护它，这是我的责任。长白山离西藏的话，3000多公里，水从那么远到西藏来，我们要把它送到消费者嘴里，我的同事完成了99%的工作，最后的1%是我来完成的，我也是大自然的搬运工。

专家指导

文案创新能力对文案写作非常重要，充满新意的想法能使文案不落俗套，从而引起消费者的注意与共鸣。

5.3.4　传说型

传说型故事是通过讲述一个传说故事或神话故事表现品牌特征的故事。这个故事可以是流传至今的故事，也可以是改编的故事。例如，潘多拉珠宝（Pandora）的品牌故事就改编自潘多拉魔盒的神话故事，生动展示了品牌的文化内涵，象征着对希望与光明的追逐。以下内容为潘多拉珠宝的品牌故事文案。

潘多拉珠宝（Pandora）的品牌灵感来源于希腊神话。普罗米修斯（Prometheus）偷了天上的神火给凡间，宙斯（Zeus）为了报复普罗米修斯，命令火神赫菲斯托斯（Hephaestus）创造了一个美丽的女子潘多拉（Pandora），并让诸神赠予使潘多拉可以轻易诱惑凡人的东西。

智慧女神雅典娜（Athena）给了潘多拉华美的服饰，爱神阿佛洛狄忒（Aphrodite）赋予潘多拉美貌，魅力女神们把赫菲斯托斯创造的一条项链送给了潘多拉。宙斯给了潘多拉一个盒子，可是不准她打开，然后把她送到了人间。潘多拉有着强烈的好奇心，她最终没能经受住诱惑，打开了盒子。当她往盒子里张望的时候，所有的疾病、痛苦等恶魔都从盒子里逃出来了。幸好，最后盒子里还有一个美好的精灵，代表着希望和机遇。所以，潘多拉珠宝（Pandora）也代表着希望和幸运。

5.3.5 理念型

理念型故事是指以品牌追求的理念、品牌风格和品牌定位为传播内容的品牌故事。理念型故事适合走差异化路线的品牌，消费者只要听到某种理念或风格，就会马上联想到这个品牌。图 5-10 所示为理念型故事，其以品牌建立的缘由来输出品牌理念，表达品牌尊重每一个微小而确切的消费者需求，切实改善肌肤问题的品牌态度。

图5-10 | 理念型故事

5.4 电子商务品牌文案的写作要素

故事是用语言艺术反映生活、表达思想感情的一种叙事类文体。故事要么寓意深刻，要么人物典型或者情节感人、以小见大，总之就是要给消费者留下深刻的印象，切忌情节

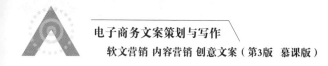
144 平淡，没有可读性。故事一般包括背景、主题、细节、结果和点评5个要素，通过文字将这些要素生动地描写出来，是写作电子商务品牌文案的关键。

5.4.1　背景

背景是指与故事有关的情况，包括故事是什么时候发生的，在哪里发生的，有哪些主要人物，发生的原因是什么，即故事的时间、地点、人物、起因。以下示例很好地介绍了故事的背景。

> 1789年，一位法国人患了肾结石，当他寻访名医到达阿尔卑斯山脚下时，由于长途跋涉十分口渴，便命令仆人去附近的农家取些水喝……
>
> 1999年春节后的一天，几个上海交通大学校友聚会，几个年轻人就互联网、互联网经济、美国的网络公司、纳斯达克和IPO等话题热烈地讨论了一夜。最后的结论是：一起在我国做一个向大众提供旅游服务的电子商务网站。
>
> 阿姿、小月和小鱼3个人在一间甜品店吃蛋糕时突发灵感，与其天天出来找糕点吃，不如3人合伙开一间烘焙店，吃个痛快。于是，"×××烘焙"应时而生。

专家指导

背景的介绍并不需要面面俱到，只需要说明故事的发生是否有什么特别的原因或条件。

5.4.2　主题

主题是指故事内容的核心，是电子商务文案人员对现实生活的认识、对某种理想的追求或对某种现象的观点，通俗地说，就是电子商务文案人员要表达的内容。主题往往决定作品价值，其通常融合在人物形象塑造、情节布局、环境描写和语言技巧中，需要消费者挖掘出来。

主题可以通过以下4种途径来表现。

- **人物**｜人物是故事主题的重要承载者，人物形象的塑造可以很好地反映故事所要表达的主题，揭示某种思想或主张。
- **情节**｜情节在故事中起着穿针引线的作用，它可以将故事的开始、发展和结束串联起来，形成一个完整、生动的故事。情节的展开可以推动故事的发展，让故事层层深入以吸引消费者。

- **环境** | 通过对社会环境或生活环境的描写来揭示或暗示某种思想，同时结合对人物思想性格的描写，可以很好地表达故事主题。

- **语言** | 语言包括人物对话和旁白等，可以用于表现故事主题。

例如，某酸奶品牌在新品上市、草莓热销的季节，发布了名为"莓花源记"的广告，该广告借鉴大众耳熟能详的文学作品《桃花源记》，通过客户与导演的对话，讲述一个渔夫误入秘境，发现了一个风景秀美、果大味美的世外莓源的广告创意故事。

该故事采取了戏中戏的创意，故事的主线，即主要情节和背景是渔夫误入莓花源以及导演在客户的要求下制作广告。具体呈现的内容则是草莓和草莓酸奶，中间穿插客户和导演的对话，结合微缩景观塑造的秘境，表达了草莓酸奶原料佳、工艺佳、口感佳的特点，凸显了新品上市、质佳味美的主题。图5-11 所示为"莓花源记"品牌故事。

图5-11 | "莓花源记"品牌故事

5.4.3 细节

细节描写就是抓住生活中细微又具体的典型情节加以生动细致的描绘的写作手法，它能够使故事情节更加生动、形象和真实。细节一般是精心设置和安排的，是不可随意取代的部分。常见的细节描写方法有语言描写、动作描写、心理描写和肖像描写等。恰到好处的细节描写能够起到烘托环境气氛、刻画人物性格和揭示主题的作用。

不管采用哪种方法刻画细节，电子商务文案人员都需要事先认真观察，选择具有代表性、概括性，能深刻反映主题的事件进行描写，突出故事的中心，从而给消费者留下深刻的印象。

例如，图5-12 所示为蔚来汽车品牌在新年时发布的《那路》品牌故事，其根据某消

电子商务文案策划与写作
软文营销 内容营销 创意文案（第3版 慕课版）

146 费者的真实故事改编，在讲述过程中借助大量细节描写，使故事生动、立体、充满生活气息，增强了故事的可信度。

图5-12｜蔚来汽车品牌的品牌故事

《那路》部分文案如下所示。

从小家里穷　　　　　　　　　　只记得一路上好饿

火腿只能过年吃　　　　　　　　和那一条好长好长的路

或者饿哭的时候　　　　　　　　"不哭啊 外婆做的火腿 顶个香"

外婆偷偷喂我吃　　　　　　　　"还有好远"

"好棒呀 我家小苹果乖崽 还是蛮喜　　"快点走 马上就到了 翻过这道

欢吃火腿的嘛"　　　　　　　　山、那道山就到了"

每年过年回外婆家

5.4.4　结果

故事有起因当然就有结果，告诉消费者故事的结果能够加深他们对故事的了解和体会，有利于故事在他们心中留下印象。

例如，前文中德芙（DOVE）的品牌故事的结果是莱昂和芭莎在年老时终于再见面，为了纪念他们错过的爱情，莱昂研制了一种不易融化的固体香醇巧克力，并在每块巧克力上刻上"DOVE"。

5.4.5　点评

电子商务文案人员可对故事所讲述的内容和反映的主题发表一定的看法，以进一步揭示故事的意义和价值。当然，电子商务文案人员要尽量就事论事、有感而发，引起消费者的共鸣和思考。例如，德芙（DOVE）品牌故事中，其最后一段文字就是点评。

又如，特步《你的特别不止一面》讲述了拍女生的广告的故事，由此塑造了女生在生活中不同的特别，如特别自信、特别肆意、特别稳重、特别细腻等，表达希望还原女生特别的主题，以下为最后的故事点评。

> 我觉得这条广告永远拍不完
> 因为
> 你的每一面
> 都很特别

5.5 电子商务品牌文案的写作技巧

故事具有引人入胜的效果，而优秀的品牌故事文案更是能充分发挥品牌宣传的作用，起到较好的营销推广效果。但是，内容完整的故事不等于好的品牌故事文案，要写好品牌故事文案，电子商务文案人员可以参考以下 4 个方面的写作技巧。

5.5.1 把握消费者心理

不同的消费者有不同的需求，喜欢的品牌故事也是不同的，如中老年消费者一般偏爱有历史积淀的品牌故事，而年轻消费者一般更喜欢新奇、有个性的品牌故事。品牌应根据自身的消费者定位来尽可能地揣摩消费者的需求，然后根据消费者的需求来创作故事，这样才能更好地激发消费者的兴趣，实现写作目标。

例如，宝洁发布的《新的一年，为爱当家》品牌故事广告，讲述了几个不同的家庭，在春节时，由年轻人当家的场面，并让宝洁商品自然融入其中，成为他们的爱用好物。作为家喻户晓的日用洗护品牌，宝洁一直致力于提供家庭生活用品，关注家庭。年轻人都会成为家庭的当家人，也会成为时代的当家人，宝洁这次聚焦于年轻消费者，通过一场典型的身份互换，抓住了年轻人想要"翻身上位"、承担责任的痛点，满足了其想要当家做主、为家庭承担责任的心理需求。宝洁以多重年轻化的姿态，以家为承载，以爱为内核，与消费者开展了一次深度沟通，鼓励更多的年轻人去为爱当家，引起了消费者的关注与强烈共鸣。

5.5.2 打造故事亮点

品牌故事类型的多样性决定了电子商务文案人员在写作品牌故事时会面临多样化的选

148　择，而且很多知名的品牌会围绕品牌定位，定期或不定期地推出新的品牌故事。那么写作时，电子商务文案人员该如何选择品牌故事内容呢？消费者能够被吸引的前提是品牌故事中有令其感兴趣的内容，这就是故事的亮点。写作品牌故事时，电子商务文案人员可以从以下3个方面来找到品牌故事的亮点。

1. 意外

意外分为两种情况。一种是从故事的角度来看，意外是故事内容的重要转折，是利用惊奇吸引消费者的注意，用兴趣维持消费者注意的故事设计方式。

图5-13所示为某中式酱料品牌的品牌故事，这个故事通过设计一个从小吃店到建立品牌店的故事转折，塑造了一个意外故事，讲述该品牌代表性商品的开发，增强了文案的故事性。

> 李锦记诞生于1888年，其创建过程看似机缘巧合，却带着深刻的时代烙印，颇有一番传奇故事。
>
> 19世纪60年代，李锦裳（李锦记品牌创始人）出生于广东新会，自幼丧父的他与母亲靠农耕为生。由于时常受到村中豪强欺凌，孤儿寡母不得不从新会七堡搬到南水墟定居。起初他靠开设小吃店谋生。但后来因为一件事的发生，李锦记便由此诞生。
>
> 有一次，李锦裳原本是要烹调蚝肉给餐厅客人，结果忘记关炉火，白色的蚝汁在锅里浓缩成咖啡色。本以为只能倒掉，可是品尝后却发现味道出奇地好，蚝油制法就这么意外诞生。这就是今天家喻户晓的"蚝油"的诞生。
>
> 为了让乡亲们能尝到这一独特的美味，李锦裳反复试制，历经多道工序，最终生产出蚝油作为调味品出售，并于1888年正式设立了李锦记蚝油庄。

图5-13 | 用意外作为亮点的品牌故事

另一种是从品牌的诞生原因上看。许多品牌的诞生本来就是一个意外，如某药妆品牌的诞生——在战争中，某研究所的海底探险队经常被海底动物划伤，后来他们便从深海动物中提取物质，研究后发现这些物质可以消肿，促进肌肤细胞的新陈代谢，因此某深海活性成分被发现，此后该成分被广泛运用于医学界。该品牌商品就是基于这种成分而研发出来的，从品牌故事来看，这种成分的意外发现就是故事的亮点。

2. 不一样的视角

写作品牌故事时通常需要围绕故事的主题，但为了体现品牌的个性，电子商务文案人员需要从独特视角来展示品牌的特点。例如，很多饮食类品牌故事围绕家和亲情来展开，因为在我国的文化体系里，食物和家总是紧密联系在一起的。这时，如果从食物本身或者食物以外的因素中给予消费者一个选择的理由，就能充分吸引消费者的注意。写作品牌故事也一样，跳出创业故事的局限，将故事的主角从商品变成消费者，从消费者的角度写作也是一种亮点。

图5-14所示为运用不同视角写作的品牌故事。24个不同城市的24个人的故事，展示了不同职业的消费者不一样的人生，从普通人的角度诠释了该品牌"便利每一个人的生活"的主题，很好地传达了品牌理念。消费者从该品牌故事中看到了和自己一样的普通人，

容易产生共鸣，也容易记住该品牌。

图5-14｜运用不同视角写作的品牌故事

3. 独特的思考

不同的事情可以引发不同的思考，不同的消费者对同一件事的思考也不相同。从一定意义上来说，品牌故事能否引发消费者思考也是影响其质量的一个因素。如果品牌故事能够引发消费者产生联想和思考，就能加深消费者对品牌的印象，达到品牌故事传播的目标。

图 5-15 所示为引发思考的品牌故事，故事以"吃出星级酒楼的味道"为主题，讲述了该品牌成立的故事。该故事中的主要商品是燕窝，而消费者看到故事标题和内容就会思考普通燕窝与星级酒楼燕窝的区别，想知道两者的不同之处，于是就有购买商品以解答疑惑的冲动。所以，引发消费者的思考也就成了该品牌故事的亮点。

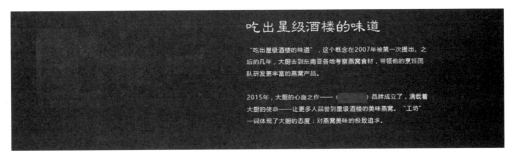

图5-15｜引发思考的品牌故事

5.5.3 增强故事的代入感

品牌故事应当向消费者传递某种情绪或观念，让消费者感受到品牌的精神和思想。简

150 单来说，品牌故事应让消费者对故事中的角色产生代入感，融入故事的场景中。这就需要品牌抓住消费者的痛点，以情感人。

以下为宝洁在《新的一年，为爱当家》广告发布同期，联合人民网、央视网发布的《时代当家人》文案的部分内容。该文案站在年轻人的角度，以人物独白的方式表达了年轻人对当家的看法，并将当家的概念从"小家"上升到"大家"。而宝洁作为年轻人的朋友，见证了他们的成长和行动，体现了一种守护、温情的品牌形象。该品牌故事助力宝洁提升了品牌价值，并加深了消费者对品牌的认知。

> 也许在你们眼中
> 我们还是昨天的孩子
> 但今天 我们早已有了
> 当家人的样子
> 我们越来越习惯当个"顶梁柱"
> 从需要别人
> 开始变得被人需要
> 我们学会了回应你们的爱
> 把曾经的被动变为主动
> 把普通的日常变得不同寻常
> 我们也越来越善于
>
> 超越你们的期待——
> 从"做梦"的人变成实现梦的人
> 从被照顾的人变成了
> 照顾别人的人
> 我们离家去看更大的世界
> 也正在把更大的世界带回家乡
> 你看
> 被满怀期望称为"后浪"的我们
> 其实早已闯出了自己的海洋
> 昨天，我们在宠爱里长大
> 今天，我们将要为爱当家！

5.5.4 提升故事的可分享性

吸引阅读和引发分享是不同的，品牌故事只做到吸引消费者阅读还不够，如果能引发消费者分享，那么就能对品牌故事的传播起到事半功倍的作用。因此，电子商务文案人员在撰写品牌故事时，要努力提升品牌故事的可分享性。通常，内容新颖的、打动人心的，或者能引发消费者思考、引起共鸣的故事才能让消费者主动分享。

赶集网以微电影的形式推出过品牌故事《李铁的双肩包》，这则真实的求职故事引发了消费者关于求职经历的广泛讨论。《李铁的双肩包》以基层劳动者为描述对象，鼓励求职者努力、自信和拼搏，使消费者深受触动。赶集网因此树立了为基层劳动者发声的亲切形象，成功地在消费者心中留下了品牌印象，从而提升了品牌形象，传达了品牌价值。消费者对"个人奋斗"和"找工作"话题的关注，则增强了该品牌故事的话题性和可分享性，推动了该品牌故事的传播。图5-16所示为《李铁的双肩包》微电影截图。

图5-16 |《李铁的双肩包》微电影截图

5.6 本章实训——撰写"春见果记"品牌文案

实训背景

"春见果记"是以种植销售耙耙柑（学名春见）发家的乡村水果品牌。近期，品牌方打算安排电子商务文案人员小青在官网品牌故事栏目和商品详情页中插入品牌故事，且要能体现品牌专研技术与做好商品的理念，以及带领乡民共同致富的人文精神，请为其撰写一则简短的品牌故事。

1. 实训要求

（1）选择品牌故事类型。

（2）整合品牌故事写作要素。

（3）根据品牌故事文案的写作步骤撰写。

（4）结合品牌故事的写作技巧。

2. 实训准备

品牌故事通常建立在许多资料之上，小青可以先确定品牌故事类型，再收集资料，也可以在收集整料的基础上选择品牌故事类型。由于品牌一般都包含独特的创业经历，所以，小青认为品牌故事文案可以选择创业型。根据品牌故事的写作步骤，确定好品牌故事的背景、细节、结果等要素，组合形成一篇文案即可。

3. 实训步骤

撰写水果品牌文案的操作思路如下。

（1）收集与整理资料。由于"春见果记"是一个新品牌，相关资料较少，所以，小青打算采访"春见果记"创始人林宪，了解其创业经历，具体内容如下。

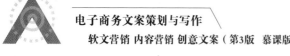
　　林宪，四川眉山人，生于1988年，在大学期间读的是兽医专业，2011年大学毕业之后就职于成都某宠物医院，一做就是四年。虽然林宪时常因为救治了宠物而有成就感，但每当有宠物逝去，他就难过不已。加上母亲在老家去世的打击，他开始重新审视自己的工作，最终他决定回乡创业。

　　林宪的家乡非常适合种植耙耙柑，但因为种植规模小，许多水果经销商不愿来这里进货，因此种植出来的水果大多滞销，只能在当地小镇摆摊销售，这让林宪感到很可惜。刚好他的家乡眉山市彭山区作为农业大区，正在推进农业产业结构化调整和升级，许多特色农业基地崛起，这激起了林宪的耙耙柑种植热情。在政策的扶持下，返乡不久的林宪就申请了贷款，在家乡种植了100亩土地的耙耙柑。为了更好地种植与管理耙耙柑，一方面，林宪请了技术专家帮助自己；另一方面，林宪搬到了农场居住，并报名参加了当地政府组织的农业技术培训班，开始没日没夜地学习。另外，林宪还拜省农科院柑橘专家为师，不断弥补自身短板，不到一年便获评了"中级农技师"。

　　因为柑橘3年后才能挂果，中间成本较高，于是林宪开始琢磨耙耙柑提前挂果的方法。他通过研究发现，树体的大小是挂果的关键。因此，他在研究秋冬两季气象资料的基础上，选择不剪秋冬所生新芽，并改良原有的插箭式滴管，去掉滴头，在管道上打孔以让喷洒的水肥能尽量多地覆盖树体，最终实现提前一年挂果，亩产达3500千克。

　　乘着电子商务的东风，林宪开始在拼多多等电子商务平台售卖耙耙柑，由于柑橘生产环境适宜、品质优良、具有原产地优势、可快速实现鲜果直达，柑橘销量不错。销量涨上来之后，林宪打算打造属于自己的水果品牌。此时，林宪家里刚好迎来了小生命，而且林宪的果园还与当地的果农、合作社开展了合作，他希望将家乡的耙耙柑销售给更多消费者，带来水果种植的新"春天"，因此他给品牌取名"春见果记"。春代表新希望、新生命和新面貌，该品牌名称一方面表达了他对未来发展的企盼，另一方面契合品牌的定位，春见刚好是耙耙柑的学名。

　　为了将品牌做大做强，林宪抽出更多时间学习农业种植技术，同时扩大了生产规模，不仅扩大了耙耙柑的种植范围，还额外种植了猕猴桃、青堤等水果。果园扩大之后，林宪在当地聘请了不少残疾人工人和果农，为他们创造了200多个工作岗位，同时向来请教的果农们传授经验。

　　接下来，林宪将承担起助力家乡电子商务崛起的任务，带动当地的果农接触电子商务，学习电子商务，带领家乡致富。

　　（2）提炼并确定主题。小青在整理了资料之后，发现品牌创始人采用专业技术种植，且致力于带领家乡致富，为家乡提供了200多个工作岗位，因此决定将"用心做好水果，用'行'回馈家乡"作为品牌故事的主题。

　　（3）撰写初稿。根据创始人的创业经历，整合品牌故事写作要素，完成初稿设计。根据创始人林宪的创业经历，小青归纳了以下品牌故事写作要素。

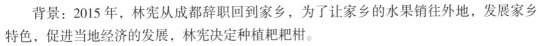

背景：2015年，林宪从成都辞职回到家乡，为了让家乡的水果销往外地，发展家乡特色，促进当地经济的发展，林宪决定种植耙耙柑。

细节：为了更好地种植，林宪非常关注种植技术；为了提前挂果，林宪在研究秋冬两季气象资料的基础上，选择不剪秋冬所生新芽，并改良原有的插箭式滴管，去掉滴头，在管道上打孔以让喷洒的水肥能尽量多地覆盖树体，最终实现提前挂果。

结果：林宪的果园规模不断扩大，并创造了不少工作岗位，接下来，林宪将承担起助力家乡电子商务崛起的任务，带领当地的果农共同发展，促进乡致富。

（4）修改文案。简单整合这些要素写出来的品牌故事文案稍显生硬，需要拓展和筛选文案，这时可以结合品牌故事写作技巧。例如，揭示林宪的心理活动，彰显品牌对商品品质和企业责任的看重，树立良好的品牌形象。另外，还需注意文案要简短，精炼故事细节和整体内容。

（5）定稿。最后可以得到一个简短的品牌故事文案，其具体内容如下。电子商务文案人员在设计品牌故事文案时可参考以下写法。

> 2015年，林宪从成都辞职回到家乡，为了照顾家人，同时发展家乡特色，让家乡的水果销往外地，决定种植耙耙柑。为了成功种植耙耙柑，林宪一方面寻求技术专家的支持，另一方面虚心学习技术，弥补自身短板，并获评了"中级农技师"。之后，林宪通过研究选择不剪秋冬所生新芽，并改良原有的插箭式滴管，去掉滴头，在管道上打孔以让喷洒的水肥能尽量多地覆盖树体，最终实现提前一年挂果，亩产达3500千克。最终，借助电子商务平台，林宪成功地将自家的耙耙柑销往全国各地，为"春见果记"积累了一定名气。现在，"春见果记"的果园规模不断扩大，该品牌为家乡提供了200多个工作岗位。
>
> 在林宪看来，"春见果记"不仅是售卖春见的品牌，还是一个立足于为家乡带来发展"新春天"的品牌。他将时刻不忘初心，用心做好水果，用"行"回馈家乡。

 巩固与练习

1. 选择题

（1）[多选]以下选项中，属于电子商务品牌故事文案写作流程的选项有（　　　）。

    A. 收集整理　　　　　　　　　　B. 确定主题

    C. 撰写初稿　　　　　　　　　　D. 修改稿件并定稿发布

（2）下面不属于人物型品牌故事主角的是（　　　）。

    A. 品牌的创始人　　　　　　　　B. 品牌的管理人员

    C. 品牌的普通员工　　　　　　　D. 品牌合作伙伴

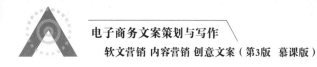

2. 简答题

（1）什么是电子商务品牌文案？它有什么作用？

（2）品牌故事文案中的传说型故事如何写作？请举出一个传说型故事的例子。

3. 材料题

以下材料为某品牌发布的品牌故事文案，阅读后回答下列问题。

人生很多事急不得，你得等他自己"熟"。

我20岁出头入行，30年写了不到300首歌，当然算是量少的。

我想一个人有多少天分，跟出什么样的作品，并无太大的关联。

天分我还是有的，我有能耐住性子的天分。

人不能孤独地活着，创作作品是为了沟通。

透过作品去告诉人家，心里的想法、眼中的世界的样子、所在意的、所珍惜的。

所以，作品就是自己。

所有精心制作的物件，最珍贵、不能替代的，就只有一个字——"人"。

人有情怀、有信念、有态度。

所以，没有理所当然，

就是要在各种可能之中，仍然做到最好。

世界再嘈杂，匠人的内心绝对、必须是安静的。

面对大自然赠予的素材，我得先成就它，它才有可能成就我。

我知道手艺人往往意味着固执、缓慢、少量、劳作，

但是这些背后所隐含的是专注、技艺、对完美的追求。

所以我们宁愿这样，也必须这样，也一直这样。

为什么我们要保留我们最珍贵的、最引以为傲的？

一辈子总是还得让一些善意执念推着往前，

我们因此愿意去听从内心的安排。

专注做点东西，至少，对得起光阴。

其他的，就留给时间去说吧。

（1）你从该品牌故事中得到了什么感悟？

（2）你认为这个品牌故事属于什么类型？其特点是什么？

6

推广类
电子商务文案写作

学习目标

【知识目标】

| 掌握微博推广文案的写作方法。

| 掌握微信推广文案的写作方法。

| 掌握社群推广文案的写作方法。

| 掌握今日头条文案的写作方法。

| 掌握视频直播类平台的推广文案的写作方法。

【能力目标】

| 能够根据需要写作不同平台中的推广文案。

【素质目标】

| 认识电子商务新行业业态，提升自身的职业发展素养。

| 养成规范的网络直播行为习惯，助力行业健康发展。

引导案例

　　珀莱雅是国产美妆头部品牌之一，近年来销售成绩一直很好，在2022年"3·8节"期间，珀莱雅排在天猫美妆行业前五、京东国货护肤品牌第一，品牌实力和影响力不容小觑。珀莱雅能够取得成功，不仅得益于其精准的市场定位、高质量的商品研发，还得益于其优秀的文案设计及全平台的推广。

　　以珀莱雅2021年底的一次推广为例。2021年12月29日，珀莱雅在微博发布了一则文案，宣布发起"2022祝你下一站翻身"主题活动，其将在深圳地铁5号线

"翻身"站举办新年诗歌展，并邀请了各行各业的创作者以"希望"为主题，写下新年的第一首诗。另外，品牌还邀请网友去实地浏览诗歌，寻找"新年是什么"的答案。珀莱雅发布的微博推广文案如图6-1所示。

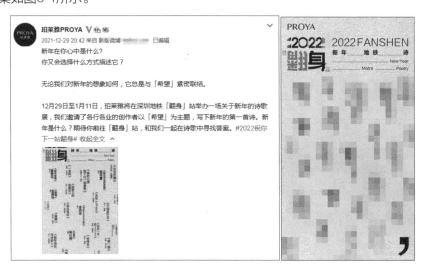

图6-1｜珀莱雅发布的微博推广文案

次日，珀莱雅再次发布微博文案，揭示所选的诗歌与诗人。同日，珀莱雅在微博连发28条消息并与粉丝互动，诗人也纷纷在微博转发活动和诗歌海报，为活动造势。当晚，珀莱雅"2022祝你下一站翻身"话题登上微博热搜榜，其话题阅读次数近5000万次，讨论量达数万次，引起了网友的广泛热议与传播，还吸引了不少网友去地铁拍照。

不仅如此，2022年1月3日，珀莱雅微信公众号还同步推送了有关本次活动的推广文案，如图6-2所示，使推广活动触及更多网友，引起了众多网友的留言互动。许多网友从其他途径了解了珀莱雅的地铁诗文案后表达了对品牌的好感和认可。

图6-2｜珀莱雅微信公众号推送的推广文案

珀莱雅通过与诗人、诗歌的联动和多平台的推广，不仅向广大消费者传递了新年祝 **157** 愿，还表达了诗歌无关年龄、无关境遇的理念，这也契合了珀莱雅想要传达出的品牌态度，起到了很好的品牌推广和形象塑造作用。

在电子商务时代，要推动品牌营销，提高品牌知名度，促进商品销售，学会写作推广类文案非常重要。下面将选择目前较为流行的网络推广渠道——微博、微信、社群、今日头条、视频直播类平台等进行介绍，帮助电子商务文案人员掌握推广类电子商务文案的具体写作方法。

6.1　微博推广文案写作

微博是一个基于社交关系进行简短信息的获取、分享与传播的广播式社交网络平台。作为当今较受欢迎的社交平台之一，微博在线注册的用户类型非常广泛，包括个人微博用户、企业微博用户、政务微博用户、组织机构微博用户和临时微博用户等。不管哪种类型的微博，微博博主都可以通过写作文案来进行营销推广。微博文案注重价值、内容和定位，微博文案根据不同的表现形式主要分为短微博、头条文章和话题。电子商务文案人员要熟悉每种微博文案的写作和推广方法，以吸引更多的消费者成为粉丝。

专家指导

临时微博是指为某个活动、重要事件、电影宣传等特意开设的发挥阶段性作用的时效性微博，它一般不会持续运营，但带来的宣传推广效果不容小觑。

6.1.1　微博推广文案的写作特点

微博注重时效性和随意性，具有及时性、交互性、海量化、碎片化和广播化等传播特点。微博文案则具有以下特点。

1. 内容精练

虽然现在已经可以发布长微博，但总的来说，由于微博平台的特点，微博文案的内容宜以短小精悍为主。在快节奏的生活环境下，很少有人能够耐心地阅读长篇幅的内容，且微博消息多，刷新速度快，为浏览更多的信息，人们更倾向于阅读能够在短时间内获取信息、无须自行分析和总结的文案。因此，写作微博文案时，电子商务文案人员不要用大量文字来堆砌内容，应写出短小精简、言简意赅、通俗易懂的文案，如果确实需要发表长微博，也要尽量用浅显直白的文字来表述文案要传达的意思，让人一目了然。

2. 互动性强

微博作为一个社交平台，人与人之间的交流很频繁，而互动就是微博博主与粉丝对话

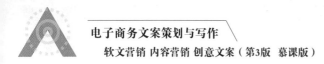

158　的一个过程。如果博主发布的微博文案具有很强的互动性，可以引起消费者的参与兴趣，并让消费者拥有成就感或互动的乐趣，就可能会使其成为忠实粉丝，提高文案的后续转化率。例如，小米利用微博让消费者参与商品设计，增强消费者的参与感和成就感，从而使消费者长期关注小米的微博，成为小米的忠实粉丝，进而产生较高的转化率。

3. 趣味性

微博通常是各种网络词汇、表情包、热点话题诞生的平台，网友互动性和话题讨论积极性高，且许多网友用词犀利有趣。在这样一个社交媒体平台中，微博文案普遍具有趣味性，这具体体现在微博语言的个性化和配图的丰富上。另外，微博内容除了包括文字外，还包括普通图片、长图、表情包、视频、超链接等，形式非常多元化，因此其趣味性明显。

4. 传播快速

在微博中，一篇成功的微博文案会在极短的时间内引起众多消费者的转发，达到快速传播的目的。因此，电子商务文案人员需要充分把握消费者的心理，促使他们转发微博文案。

6.1.2　微博文案的写作技巧

如果说微信是一个基于熟人网络的社交平台，那么微博更像一个公共资讯传播平台，更加开放，消息的传播速度也更快。微博拥有数亿位用户，每天产生的信息数量非常庞大，每一位用户几乎都只会关注自己感兴趣的信息。因此，微博文案具有碎片化、通俗化的特点，除了通用的文案写作方法之外，电子商务文案人员还需要掌握一些特定的微博文案写作技巧。

1. 利用话题

不同于微信，微博自带话题功能。微博中的热门话题往往是一段时间内大多数消费者关注的焦点，凭借话题的高关注度来宣传商品或服务可以快速获得消费者的关注。

例如，随着季节的变化，入冬必吃系列、夏季防晒方法、三月踏春去处等应时话题成了热门话题。餐饮类商家就可以在"入冬必吃系列"这个话题下发布微博文案。图6-3所示为利用话题的微博文案，该文案介绍了该面馆的招牌牛筋面。由于该文案话题与吃有关，所以此类微博文案必须细致生动地介绍食品的口感，语言应生活化，以勾起消费者的食欲，进而使其产生前往面馆尝试的冲动。

专家指导

在微博文案中插入"#××#"，代表参与某个话题，在微博文案中添加话题，可以让文案与话题相关，让文案被更多消费者搜索到，提高微博文案被更多消费者看到的概率。

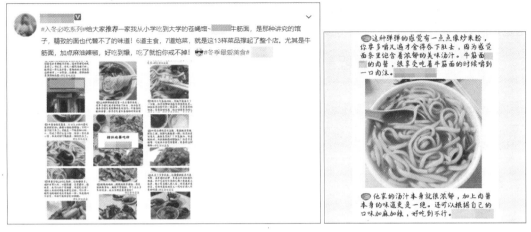

图6-3 | 利用话题的微博文案

当然，除了利用已有的热门话题外，商家还可以自己发起话题。在设置话题时，通常需要遵循几个基本原则：首先，话题应与消费者的生活息息相关，能引起消费者的兴趣；其次，话题应比较简单，便于消费者快速回答；最后，注意微博文案的措辞，不能使用生硬、低俗的话语，保证文章内容与话题之间自然关联与协调，不能引起消费者的反感。

2. 解答疑难

除了利用话题外，选取与消费者工作、生活息息相关的话题或消费者普遍面临的问题、难题或疑惑，也可以引起消费者的关注。电子商务文案人员若能针对这些问题给予有效的解决方案，还能获得消费者的认可和信任。尤其是针对品牌或商品的疑难解答，更能增进消费者对商品的理解，带给消费者更多的思考与帮助。

图 6-4 所示为某图书品牌创始人在微博发布的解答疑难型微博文案，该文案以新一期图书的读者反馈为出发点，针对读者提出的问题给出回应和解释。这有利于维系消费者与品牌的感情，增强消费者对品牌的黏性，维护品牌形象。

图6-4 | 解答疑难型微博文案

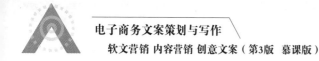
专家指导

微博文案若要达到良好的营销效果，就要让消费者在阅读中不知不觉地接受广告。若是在文案设计上让消费者感觉文案内容是专为其编写的，还能增强消费者的认同感。在具体写法上，可以将文案主语设定为第二人称，如"冬天皮肤干燥，你一定要注意以下护肤技巧哦"，这样的语气亲切随和，富有感染力，能减少距离感。

3. 其他内容

上新预告、内容分享、第三方反馈、品牌力展现、突出价值、提供好处、科普解说等类型的文案也是微博文案的常见表现形式，都可以用于电子商务品牌广告。图6-5所示为内容分享型微博文案。

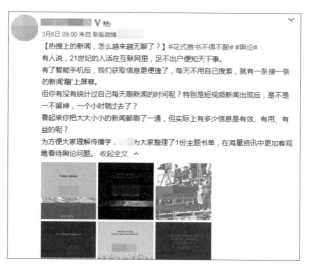

图6-5｜内容分享型微博文案

专家指导

为了提升短微博的阅读性，可以为其搭配合适的图片、视频等其他元素。图片和视频可以是对微博文案的补充，也可以是对微博文案的强调和说明。图片和视频要与微博文案相匹配，让消费者可以通过微博文案、图片与视频品出深意，给消费者带来惊喜，这样消费者才会转发和讨论微博文案。

6.1.3　微博文案的推广技巧

微博文案的推广效果与微博文案阅读量、转发量等相关，微博文案阅读量、转发量又与微博粉丝数量直接相关。因此，电子商务文案人员一方面要写作有趣、有价值的微博文案以吸引更多粉丝，另一方面也要关注微博文案的推广问题。下面介绍微博文案的4个推广技巧。

1. 定期更新微博内容

对于推广营销而言，微博的热度与关注度来自微博话题。商家不断制造新的话题，发布与商品相关的信息，才可以持续吸引目标消费者的关注。微博具有传播速度快、信息量丰富的特性，即使刚发布的信息也可能很快被其他信息覆盖，因此要想持续获得关注，应该定期更新微博内容，稳定输出有价值的、有趣的内容，这样才能拥有稳定的流量。电子商务文案人员可以根据目标消费者使用微博的习惯发布微博内容，如目标消费者为上班人士，可以选择上下班途中、午休期间发布；目标消费者为学生，则可以选择晚上发布。

2. 多与图片、视频、超链接相结合

多媒体技术的运用增强了微博文案的吸引力，因而，在写作微博文案时，需充分利用图片、视频等多媒体技术，使文字能与图片、视频、超链接等有效配合，增强文案的趣味性和表现力，这对微博文案的传播具有明显的推动作用。

尤其是带超链接的微博文案，对某些有购买需求的消费者来说十分方便，也更容易获得他们的关注。如果这些消费者对商品喜爱到愿意推荐给好友，超链接在分享传播的过程中就起到了非常重要的作用。

图6-6所示为图片、超链接和视频相结合的微博文案。

图6-6 | 图片、超链接和视频相结合的微博文案

在微博中，海量推广文案会搭配图片或视频，电子商务文案人员要了解微博对图片和视频的大小和格式要求，下面分别介绍。

（1）图片的大小和格式要求。图片太大，上传时一般会被压缩，因此，为了保证图片清晰，单张图片的大小以不超过20MB为宜，JPG、PNG和GIF等常见的格式都可用于微博文案。

（2）视频的大小和格式要求。微博文案中的视频分为本地视频和在线视频。选择上传本地视频时，微博支持上传时长15分钟内的视频，但不能上传违法视频。上传在线视频时，微博支持插入优酷、酷6网、搜狐视频、爱奇艺、凤凰网等网站的视频播放页链接。

3. 与微博粉丝互动

　　电子商务文案人员可以通过微博文案与粉丝互动，拉近粉丝与品牌之间的距离，提高粉丝的忠诚度，长远来看这对微博文案的推广是大为有利的。通过微博文案与粉丝互动的方式包括发起投票、发起问答、回复评论、转发评论、提醒。

　　其中，发起投票是微博的一项功能，电子商务文案人员在微博文案中提供几个选项供网友投票，如图6-7所示；发起问答即提出问题或要求填空等，以吸引网友评论；回复评论是指在他人提及本品牌或商品的微博或自己微博的评论区回复；转发评论是指将他人的微博转发至自己的微博主页；提醒是指通过@微博昵称的方式，提醒粉丝关注某信息。

　　图6-8所示为转发粉丝的精彩微博，配上自己的评论，这样实际上也构成了一则简单的互动微博文案。

图6-7 | 发起投票　　　　　　图6-8 | 转发粉丝微博

4. 转发抽奖

　　微博网友对微博文案的转发可以促进文案的二次或多次传播，扩大文案的传播范围。而微博抽奖是促进转发的有效手段。因此，为了提升新品文案或互动文案等的宣传效果，电子商务文案人员可以设计一些转发抽奖的微博来促进文案的推广。图6-9所示为华为手机的转发抽奖微博文案。

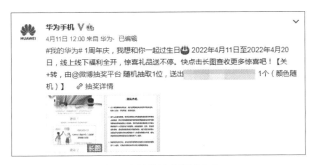

图6-9 | 转发抽奖微博文案

6.2　微信推广文案写作

微信以手机为媒介，是一款与个人信息紧密相关的软件，一个微信账号对应一个鲜明的个体。电子商务文案人员在写作微信推广文案时，要充分融入品牌的特点，形成风格鲜明、有强烈个人色彩的账号，这样才能让其他人在看到微信推广文案时有眼前一亮的感觉。微信推广文案主要有微信朋友圈文案和微信公众号文案两类，下面分别对其写作方法进行介绍。

6.2.1　微信朋友圈文案的写作

微信朋友圈是一个个性化的平台，支持分享有趣的内容、社会热点、个人感悟、咨询求助和专业知识等内容来进行营销。电子商务文案人员在微信朋友圈进行营销推广时，除了直接推广商品外，还可以通过树立良好的个人形象，为品牌、服务与商品的推广减少阻力。微信朋友圈文案的写作方式主要有以下几种。

1. 直接推广

直接在微信朋友圈中进行商品或品牌推广是一种常见的写作方式，不需要太多复杂的写作技巧，直接发布商品预告或介绍商品信息即可，包括商品详情、优惠活动、上新情况、发货情况等。这种文案的作用主要是让消费者了解商品，吸引其购买，同时在消费者心中留下深刻印象。图6-10所示为直接推广的微信朋友圈文案。

2. 分享生活

微信朋友圈也是一个分享个人生活的平台，硬推广虽然有助于直接推广商品，但也很可能引起微信好友的反感。对于电子商务文案人员来说，采用分享生活的方式来推广商品或品牌，会比硬推广更容易被接受，可以给对方一种亲切、自然的感受，让他们在不知不觉中认可你所分享的信息，达到软推广的目的。分享生活文案的写作方法很简单，只要写出生活中的趣事，然后将需要推广的信息自然而然地融入其中，让微信朋友圈的消费者在真实的生活场景中感受和了解推广信息即可。

164

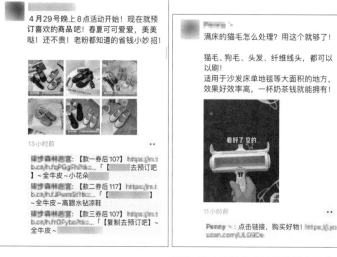

图6-10 | 直接推广的微信朋友圈文案

图 6-11 所示为分享生活的微信朋友圈文案，在游玩中自然植入自家的商品。分享生活的微信朋友圈文案比较倾向于软推广，容易被消费者接受，电子商务文案人员可以借鉴。

图6-11 | 分享生活的微信朋友圈文案

专家指导

电子商务文案人员也可单纯地分享生活趣事，而不植入推广信息，这种纯分享式推广看似毫无价值，但实则一方面有利于树立形象，让朋友圈里的人觉得电子商务文案人员是个风格鲜明、有情调的人，另一方面能在潜在消费者心中留下印象又不惹其厌烦。

3. 融合热点

结合近期的热点话题、事件等撰写微信朋友圈文案，更容易引起消费者的关注。融合热点的文案通常需要电子商务文案人员多花心思整理当前的热点事件，然后将其与要推广的商品或品牌相结合。图 6-12 所示为融合大暑节气热点的微信朋友圈文案。

图6-12 | 融合大暑节气热点的微信朋友圈文案

专家指导

在融合热点写作朋友圈文案时，注意不要盲目迎合热点中的某个观点，应在分析热点事件后发表自己的观点，将观点与营销推广信息结合起来，通过自己的观点来吸引潜在消费者。

4. 展示消费评价

消费评价是商品质量、商家服务、品牌形象等的真实体现，是体现消费者对商家服务是否满意的一种很直观的途径。电子商务文案人员可将正面的消费评价整理出来，以文案的方式发布在微信朋友圈中，让更多的潜在消费者了解商品，塑造品牌的正面形象，吸引更多人购买商品。

图 6-13 所示为展示消费评价的微信朋友圈文案，从第三方的角度来写作文案，更容易获得消费者的认可和信任。

专家指导

当然，商家也可以鼓励消费者发布对商品或品牌的使用感受，这种由消费者写出的消费评价内容会更加真实。为了让消费者发布评价内容，电子商务文案人员可通过文案传递送赠品、试用品等信息，并将赠品随购买的商品一起邮寄给消费者。

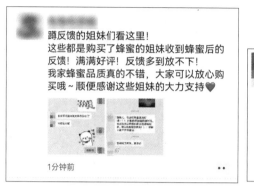
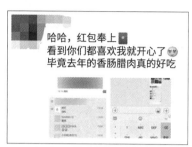

图6-13｜展示消费评价的微信朋友圈文案

5. 介绍专业知识

在微信朋友圈分享专业知识，如使用方法、使用技巧或商品功用等，能帮助消费者了解商品功能、特点，解决消费者使用过程中的一些实际问题，在他们的心中留下对商品的基本印象，同时也能让他们感受到商品的品质，这些都有助于商品的销售。另外，能增长见识的内容往往也是消费者喜欢的，其可满足消费者的求知欲，因此写作介绍专业知识的文案很有必要。

图6-14所示为介绍专业知识的微信朋友圈文案，商家打算推出磨白牛仔外套，所以介绍了制作牛仔的"洗水"工艺。

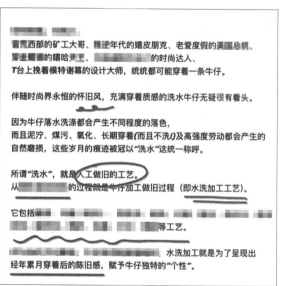

图6-14｜介绍专业知识的微信朋友圈文案

6. 直接抽奖

在微信朋友圈中发布太多营销文案，可能会让消费者产生反感。因此为了维系与消费者的感情，增强其黏性，电子商务文案人员有时会提供优惠福利，但其中总会涉及一些商品信息，易让消费者失去兴趣。因此，不投放广告而直接抽奖也是微信朋友圈文案的写作方式之一。一般抽奖条件并不复杂，多为给文案点赞。直接抽奖的微信朋友圈文案如图6-15所示。

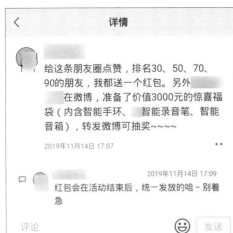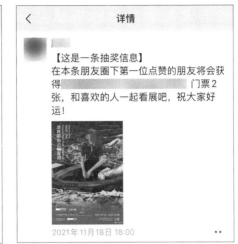

图6-15｜直接抽奖的微信朋友圈文案

专家指导

　　在微信朋友圈写作文案也有一定的规则和技巧，电子商务文案人员可从这些方面考虑：一是学会转发电子商务平台、微信公众号、视频号等其他途径的有用内容，简单编辑后发送至微信朋友圈，丰富文案写作内容，如图6-16所示；二是文案写作要满足消费者的需求；三是文案的内容应尽量精简；四是搭配美观、有用的图片来增强文案的可读性，丰富文案效果；五是用语生动形象，增强文案的趣味性，加深消费者对文案的印象；六是内容要积极正面，避免发布消极、低俗、负面的内容。电子商务文案人员可以通过对这些内容的合理运用，优化文案呈现效果。

图6-16｜编辑转发的朋友圈文案

6.2.2 微信公众号文案的写作

微信公众号是目前微信营销的主要阵地，其中服务号和订阅号是目前使用频繁的微信公众号类型，为它服务的文案写手一般是企业专门聘用的文案人员，其需要具有专业的文案策划与撰写能力。微信公众号文案主要是向已关注微信公众号的粉丝推送的文章，通过文章内容来吸引粉丝互动，以提高粉丝的忠诚度，让粉丝带来粉丝，提升整体营销效果。

微信公众号文章根据发布数量的不同，分为单图文文章和多图文文章，图 6-17 所示为单图文文章，图 6-18 所示为多图文文章。仔细观察单图文文章与多图文文章可以发现，它们都是由封面图、标题、摘要和正文组成的，电子商务文案人员要写作一篇完整的微信公众号文案，需要同时掌握这些内容的创作方法。

图6-17 | 单图文文章 　　　　　　图6-18 | 多图文文章

1. 封面图

微信公众号文案封面图是对文案内容的简要说明和体现，用以快速吸引消费者，并引发他们的阅读欲望。微信公众号文案的封面图有两种尺寸，第一种是单图文封面图和多图文首篇封面图，它们的长宽比为 16∶9，图片像素建议为 900px×500px，格式支持 JPG、PNG 和 GIF，大小不超过 5MB；第二种是多图文次篇封面图，其长宽比为 1∶1，图片像素建议为 200px×200px。

（1）单图文封面图和多图文首篇封面图。

这类图片的尺寸较大，展示的内容较为丰富，可着重进行设计，以加强图片对消费者的吸引力。其设计方法可参考海报的设计方法，图片中可以添加重要文字、商品图片等内容。

图 6-19 所示为不同微信公众号发布的单图文和多图文文案示例，可以看出尺寸较大的单图文封面图和多图文首篇封面图都非常美观，并能看出文案的主题及品牌主营或推广的商品。

图6-19｜单图文和多图文文案示例

（2）多图文次篇封面图。

一般每篇文章对应一张封面图，封面图由于尺寸较小，不建议添加太多内容，应尽量保持简单、直观。若推送的多图文内容分为不同系列，还可以为每个系列设计对应风格的图片，或统一各系列风格，设计相同的样式封面图。例如，某在线商城微信公众号，其好物主题、问卷主题和直播主题的文案都有专属的封面图，且所有次篇文案的封面图整体风格统一，如图 6-20 所示。

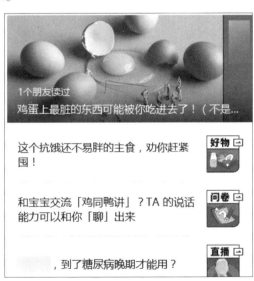

图6-20｜风格统一的多图文次篇封面图

专家指导

为了表达个性化，也可以使用一些充满趣味性、带有独特标志的图片作为封面图，如个人独特的形象图或带有特有 Logo、标签的图片。

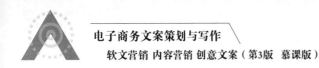
170

2. 标题

除了封面图外，好的标题也能激发消费者的阅读兴趣。微信公众号文案的标题与其他类型的文案标题写作方法类似，如提问式、直言式等不同写法，同时结合符号、话题等元素增强标题吸引力，具体内容可参考第 3 章中的标题写作方法。

专家指导

在宣传品牌时，还可在标题中加入个人或企业的品牌名称或能提升品牌辨识度的词语。例如，一个分享个性旅途的微信公众号，在其文案标题前均添加有"独特旅行|"的标识，这能加深消费者对企业和品牌的印象。

3. 摘要

摘要是微信公众号文案封面图下面的一段引导性文字，可以快速引导消费者了解文案的主要内容，增加点击量和阅读量。一般情况下，摘要会显示在单图文列表页面，多图文则没有。虽然多图文文案在页面上并不显示摘要，但当某篇多图文文案被单独分享出去后，也会显示摘要，所以电子商务文案人员还是要认真设置摘要。

单图文的显示区域大小约为多图文 4 篇图文的大小，从上到下的结构包括封面图、标题、摘要等。摘要的字数约为 50 字，应根据标题和正文内容来写作。若是活动文案，可将优惠作为摘要来吸引消费者；若是推书的微信文案，可以将书中名句、作者的话、他人的评价等设为摘要，紧扣文案主题。

如果选择单图文模式发表文案却不添加摘要，微信会默认将正文前面的几句话显示为摘要，这样就浪费了大好位置，多图文文案也是如此。因此，电子商务文案人员应认真写作摘要。摘要中不要出现表意不清的情况，否则会影响消费者对文案的第一印象。

专家指导

微信公众号文案的摘要与微博头条文章中的导语有异曲同工之处，其写法和作用基本相同，可根据文案的实际需要写作。

4. 正文

微信公众号文案是以内容质量取胜的，虽然优秀的文案标题可以吸引消费者点击阅读，但还需要翔实且富有内涵的内容才会让消费者真正记住。从消费者的角度去思考，让他们读起来觉得有趣、轻松的文案才能吸引他们阅读下去。微信公众号文案正文的写作可参考第 3 章中所讲的正文写作方法，此处将主要从图片、排版和配色的角度讲解正文的设计。

（1）图片要恰当。

微信公众号文案中的图片包括封面图和正文配图，一般均与推送内容、商品相关。在为文案配图时，选择的图片应满足以下要求。

- **美观**｜如果图片有失美观，将会影响消费者的阅读体验，降低消费者的好感度。如果图片美观，则可能提升消费者的整体观感，给消费者留下良好的印象。

- **清晰**｜尽量使用清晰的图片，不清晰的图片会使消费者观看起来有不适感。

- **提供佐证**｜如果微信公众号文案在引用一些数据或者描述个别真实事件时缺少图片的佐证，其真实性就会被怀疑。

- **图片不能打乱内容的连贯性**｜一般情况下，在描述性文字段落前后应配相关的图片，而不是在几个段落之后。另外，不要在两个段落中间添加过多的配图，否则容易影响阅读的连贯性。一般图片的安排有以下3种情况：如图片需要用来引导读者，引出下文要介绍的内容，则位于段落上方；若图片只作为辅助插图，可置于段落下方；若有一节文字都是描述同一个主题，则图片可以置于该节的段落之间，承上启下。图片位于段落上方、下方和段落之间的情况如图6-21所示。具体的位置关系要以消费者的阅读感受来确定。

图6-21｜图片位于段落上方、下方和段落之间

- **数量适当**｜微信公众号文案篇幅较长，如果不配图，可能会使消费者觉得单调、枯燥，甚至失去继续阅读的欲望，因此需要在文案中插入数量适当的图片，这样将有助于缓解阅读压力，提升阅读体验。

- **辅助文字表达**｜配图应当结合文案内容，起到锦上添花的作用，如增强文案的表达效果，使传达的信息更加直观、丰富。注意不要随意插入吸引眼球但与内容无关的图片，否则会让消费者感到困惑。

（2）排版要美观。

为了使文案整体美观和易读，在排版时可以遵循对齐、对比、统一的原则。

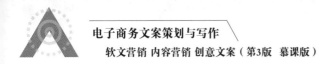

- **对齐**｜对齐主要包括左对齐、右对齐和居中对齐3种形式，默认左对齐，可以根据内容需要选择合适的对齐方式，也可混合使用。

- **对比**｜对比主要是指标题与正文的对比、重点内容与普通内容的对比。体现标题、正文、重点内容的差异，可以使文案更加有条理。

- **统一**｜统一是指排版样式统一，包括正文内容字体一致、重点内容字体一致、行距一致、风格一致等。

为了使微信公众号文案整体给人美观、简洁、大气的感觉，呈现出良好的视觉效果，文案的排版还需注意以下几点原则。

① 行间距为行高的50%。

② 文案边缘对齐，及时调整段落宽度、间距。

③ 文案字体控制在2 ~ 3种，颜色最好不超过3种，以淡色调为主，使用同色系颜色。

④ 不要为文案添加视觉特效（特殊的商品除外）。

⑤ 段首不必缩进，大段文字的段落间应空一行。

⑥ 将字体、形状等需要强调的内容放大，适当地搭配相应色彩。

⑦ 文案版面不花哨，排版主次分明，结构层次清晰。

（3）配色要有想法。

配色是影响排版美观度的重要因素之一，选取有代表性的配色有助于微信公众号形成独特风格，提高辨识度。在配色的选择上，电子商务文案人员应选择与企业或品牌相关的颜色。如果没有品牌色，可以选择一种颜色作为微信公众号的代表色，应尽量选择温和的颜色。如果文案中需要插入图片，文字颜色也应该与图片相匹配，这样整体会比较协调。

专家指导

微信公众号文案篇幅较长，消费者阅读时会花费一定的时间，为了保证微信公众号文案的推广效果，建议选择在消费者空闲的时间发布，如上下班途中、午休时间及晚饭后等。

6.3 社群推广文案写作

社群是指以某网络为载体，拥有共同的兴趣爱好和某种需求的网民聚集在一起，相互沟通交流，展示各自价值而形成的一种社交群体。社群由于其高活跃度和巨大流量，也成了商家营销推广的平台。社群推广文案是电子商务文案人员在各个社群里为引导群成员产生自己期望的商业行为而发布的文案，是使社群价值成功变现的必要手段。在社群中发布营销文案，往往会因为群体氛围而增强文案的感染力和影响力，使群成员采取购买行为。

6.3.1　社群推广文案的形式

在电子商务领域，社群推广的目的在于卖货，电子商务文案人员发布的任何文案都可以看作是以卖货为目的的推广文案。一般而言，社群推广文案包括社群引流文案、进群欢迎文案、活动预告文案和商品推广文案等不同类型，下面分别介绍。

1. 社群引流文案

对于新建社群而言，第一步就是引流。好的社群引流文案可以吸引更多消费者主动加入社群，这些主动加入社群的消费者都是对社群主题感兴趣的，因此消费者定位更为精准。写作社群引流文案时应该首先了解消费者的需求，然后再用简洁的语言将社群能带给消费者的益处表述清楚，这样才能有足够的吸引力。

图 6-22 所示为某社群的引流文案。该社群是某咖啡品牌的线下门店群，提供许多购物优惠，其文案中就提出了这一点，如"天天发券，周周领 4.8 折！"等，并提供了进群链接和详细的"福利群"规则图片，可以吸引喜欢喝咖啡的消费者加群。

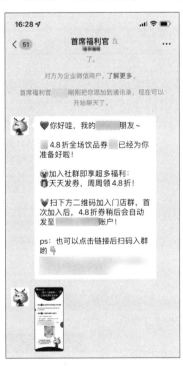

图6-22 | 社群引流文案

2. 进群欢迎文案

消费者加入社群之后，也许并不清楚有哪些社群规则、加入社群有哪些福利等，因此进群欢迎文案是十分有必要的。进群欢迎文案可以包含的内容有欢迎语、社群福利等。不同进群欢迎文案的侧重点有所不同，有详有略，视社群的运营要求而定。为给网店或商品引流，有的进群欢迎文案后还会附上链接。图 6-23 所示为某些社群的进群欢迎文案。

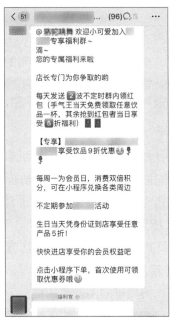
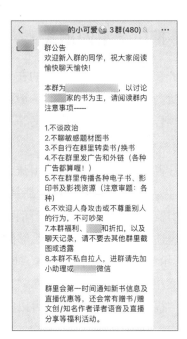

图6-23 | 进群欢迎文案

3. 活动预告文案

不少电子商务社群是为卖货服务的，为了维系群成员对群的黏性，并推广一些网店的直播活动，有时会发布一些活动预告文案，以吸引群成员关注和参与活动，提高群成员的活跃度。图6-24所示为某些社群的活动预告文案。

图6-24 | 活动预告文案

另外，也可以确定一些群成员感兴趣的、与本群主题相关的话题，要求群成员学习并完成作业。例如，有些理财线上课的知识分享社群会发布一些有关理财话题讨论活动的预告文案。

4. 商品推广文案

除了话题交流之外，社群还是一个很好的商品推广平台。一般而言，社群中不宜发布大量广告，否则容易引起消费者的反感，发布广告的频率最好控制在一天1~2次，同时发布的广告应该与社群主题相关。图6-25所示为某装修社群发布的商品推广文案。该社群中的商品推广文案都是与装修相关的,包括防盗锁、室内门等。其在推荐商品时,没有直接介绍商品信息,而是从消费者的困惑或痛点切入,从而吸引了有相同困惑的消费者的关注。

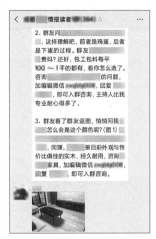

图6-25 | 商品推广文案

有些商品推广文案还会搭配一些福利等。图 6-26 所示为某出版社社群和某咖啡品牌社群中发布的新品推广文案,其不仅利用文案描述吸引群成员,还分别提供了商品介绍(视频号链接)和购买渠道(商城小程序),更是发起了评论抽奖,有利于充分调动群成员的积极性,增强群成员黏性,并促进商品的销售。

图6-26 | 新品推广文案

专家指导

在目前的社群文案中,多是以商品和活动为核心的文案,如商品直播前中后的介绍、新品推广介绍等,内容简短,并搭配各种链接,方便群成员了解详情或点击购买,以促成变现。

6.3.2 社群推广文案的写作要素

社群推广文案有不同的写作方式，其写法包括@所有人并提供商品信息、链接、二维码等。其中，@所有人、商品信息、链接和二维码是社群推广文案常见的写作要素，也是电子商务文案人员应当了解并运用的。

- **@所有人** | 当电子商务文案人员作为群主或者推广人员，准备在群里发布文案时，可以在群里@所有的群成员，以提醒他们查看，否则发布的文案很容易被忽略。但也要注意不能在发送所有文案前都@所有人，有意义的、对他人有帮助的文案才可选择@所有人。

- **商品信息** | 在推荐一款商品时，需要适当介绍商品信息，让群成员了解详细的信息以确认是否需要这样的商品或是否有这样的需求。有些群成员原本没有这方面的打算，但被呈现的某些商品信息吸引后，才引起了消费欲望。图6-27所示的社群推广文案就通过图片和文字介绍展示了商品的相关信息。

- **链接** | 为方便全员查看或进行相应的操作，一般社群推广文案中都会附带链接，如线上商城小程序链接、视频号链接、直播链接、微信公众号文章链接等，这有利于提升文案的转化率。图6-28所示的社群推广文案中就提供了活动链接和微信公众号文章链接。

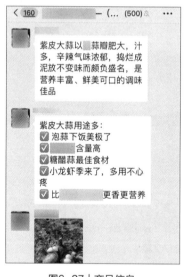

图6-27 | 商品信息

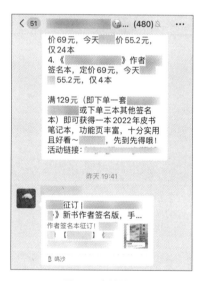

图6-28 | 链接

- **二维码** | 二维码与链接的作用相同，基本上在社群推广文案中没有链接就会有二维码，群成员可直接扫码查看，十分方便。图6-29所示的社群推广文案中提供了两种不同形式的二维码。

以下为某社群推广文案示例，该文案包含了上述一些要素，如利用了@功能，并在文案中展示了本次体验活动的具体信息，提供了报名链接等。

图6-29 | 二维码

@所有人

万众期待的飞行体验活动本周末再追加一场，有20组名额，要报名的朋友一定要抓紧，名额报满就不再接收报名信息！

上周活动结束后我们看见许多妈妈把照片分享到微信朋友圈为这次活动喝彩，也许很多妈妈有些疑问，我来说说这次活动能为大家带来的福利。

1. 邀请专业机长现场绕机讲解专业知识。我们特意邀请专业机长为各个家庭详解直升机的专业知识，解决小小飞机迷们的"十万个为什么"。

2. 近距离接触驾驶舱，观看机长操作。这个是坐客机完全没法比的，相信很多孩子们都羡慕机长的工作，也非常想知道飞机是怎么飞起来的。

3. 低空鸟瞰风景，与机长聊天。

4. 说到重点了！关键是价格划算，参与活动不仅能坐直升机，还能玩室内降落伞+飞机培训课+吃饭+做飞机模型+2022年个性定制台历拍摄，这一系列流程下来并不贵！

报名链接戳下方

×××××××（该栏为链接）

6.3.3 社群推广文案的写作技巧

对于社群而言，不管是活动的举办还是社群的宣传、商品的变现，都需要文案去引导群成员行动。在了解社群推广文案的不同形式和写作要素的基础上，要想写出高变现的社

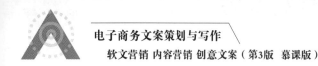
178 群推广文案，还需了解一些写作技巧。

1. 输出优质内容

俗话说，内容是流量的入口。虽然有些社群中很多人在发广告、卖货，但其转化率并不高，有些人天天在群里发自创的内容，然而很多时候无人问津。所以，优质内容非常重要。内容是社群存在的基础，只有输出优质内容去吸引和筛选群成员，获得群成员的喜爱，群成员才会真正意识到内容的价值，才会在当前社群的基础上形成一个拥有更高转化率的社群，这样，围绕社群的商业变现模式才会更加丰富多样，获得的回报才会更多。

2. 文案内容尽量以聊天形式呈现

细心留意就会发现，同样的内容，相比于单纯的文字罗列，对话形式的文案更能集中人的注意力，让人产生好奇和新鲜感。如果电子商务文案人员能以多人聊天的形式呈现社群推广文案，营造一种轻松愉悦的交流氛围，就能够很好地减少阅读带来的疲倦感。社群在本质上属于交流平台，以聊天的形式呈现文案会更合理、不突兀。

3. 文案内容要直白简单

在社群推广文案中，使用生僻、专业的词语解释活动、商品可能会让群成员觉得不能理解或不愿去理解，以至于丧失深入了解的兴趣。所以文案的关键信息应用直白通俗的语言表示，这才是引流的正确方法。

6.4 今日头条文案写作

今日头条是一个大型的内容聚合和展示平台，拥有非常庞大的消费群体和海量流量，通过个性化推荐技术，如根据每个消费者的兴趣、位置等，可以快速地为消费者推荐有价值、个性化的信息。由于今日头条的智能推荐技术能够有针对性地为消费者推荐信息，所以，被推荐到消费者眼前的文案能否吸引消费者的注意、文案能否打动消费者，是营销推广效果是否达到的决定性因素。图6-30所示为今日头条首页。

图6-30 | 今日头条首页

6.4.1　今日头条文案标题的写作技巧

今日头条的文案标题与其他文案的标题类似，是吸引消费者点击文案、继续阅读文案正文的关键性因素。由于今日头条是一个资讯类网站，其信息的即时性很强，很多消费者更愿意点击实时新闻、娱乐新闻等，所以，电子商务文案人员在写作文案时，要尽量将标题写得有吸引力，提高标题的点击率，增加文案被推荐的概率。但同时，写作时也要注意标题要契合文案正文内容，如果为了追逐热点而写作与正文内容无关的标题，反而会影响文案的推荐指数，使文案在被审核时就被判定为不合格。

专家指导

今日头条文案的点击率影响着文案的推荐指数。一般来说，在标题与正文内容契合的前提下，文案的点击率越高，其推荐指数越高，推荐量就越多。今日头条的智能推荐系统会通过用户行为先将文案推荐给可能感兴趣的用户，如果用户深度阅读的点击率高，再进一步将文案推荐给更大范围的相似用户，当点击率下降到一定程度时，系统将不再推荐。

今日头条文案标题的写作方法可以参考第3章的相关内容，这里只做简单的举例说明。图6-31所示为某时期今日头条"美食"板块推荐排名第二的文案，其标题为"蛋炒饭，先炒蛋还是先炒饭？酒店大厨教你，香味十足"，用疑问句提出一个常见的问题，引发消费者的兴趣，从而大大提高标题的点击率。消费者点击标题阅读正文后可以发现，正文内容只介绍了蛋炒饭的制作步骤，十分平常，但由于标题很有吸引力，所以该文案的点击量、阅读量和讨论量都很高。

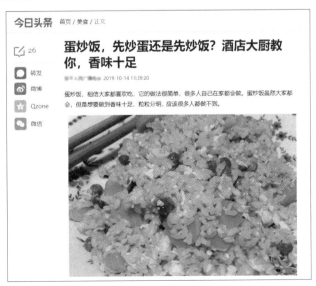

图6-31 | "美食"板块推荐排名第二的文案

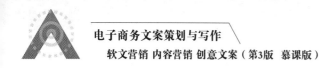

6.4.2 今日头条文案正文的写作要点

今日头条平台的用户普遍都是利用碎片化时间浏览信息，因此推广文案的内容要尽量简单、接地气，并运用场景化、经验化、故事化等写作技巧保持用户阅读的兴趣。例如，时事新闻、搞笑段子、最新科技、生活小常识、奇闻趣事等类型的今日头条文案阅读量都较高，因为这些类型的文案内容简单易懂且大众化，更容易被用户接受和传播。除此之外，今日头条文案正文还要有价值，能够满足用户的相关需要。新颖的写作角度、丰富的情感表达、跌宕起伏的故事等都可以为文案加分，使其获得更高的点击率。同时，今日头条文案要符合今日头条平台的要求，这样才能确保其能获得更多的推广机会。总的说来，今日头条文案正文的写作要注意以下 4 个方面的问题。

1. 要覆盖目标消费者

在今日头条中写作文案时要注意，正文内容要与目标消费者的需求联系起来，写出使大量消费者都感兴趣的内容才能增加阅读量，否则，即使该文案被智能推荐，但由于对该内容感兴趣的消费者太少，其点击量和阅读量仍旧会非常少，进而降低文案的推荐指数。例如，一篇关于翡翠鉴别的文案，其中涉及很多专业工具的使用方法的介绍，这种文案就会被推荐给对这些专业工具比较熟悉的少数消费者，文案曝光量和阅读量自然不会很多。因此，在写作今日头条文案正文时，要站在消费者的角度，内容尽量通俗易懂，多覆盖一些目标消费者。

专家指导

写作今日头条文案正文时可以按照前段造势、后段引导的方法：在正文前段提出消费者关注的问题，并暗示接下来会介绍解决的办法；后段则以总结性的话语来告诉消费者其中的利益关系，借此引导消费者转发、关注或参与讨论。

2. 内容要原创

今日头条文案发布后，平台首先会通过全网搜索引擎审核今日头条文案的原创度和健康度，以及是否存在恶意营销等情况。电子商务文案人员需要特别注意文案的原创度，只有当文案原创度在 60% 以上时，文案才会被平台推荐。电子商务文案人员也可以申请开通原创功能，增加今日头条文案被推荐的概率。

专家指导

今日头条文案的"原创"申请标准如下：通过实名认证；累积粉丝数达到 5000 人；最近 30 天发文大于 10 篇；在已发布内容中，原创比例超过 70%；最近 30 天内没有"原创"标签的审核记录；无抄袭、发布不雅内容、违反国家有关政策法规等违规记录。

图 6-32 所示的今日头条推广文案的标题下方就显示了"原创"标签，这种文案更容易被今日头条平台推荐给消费者。

图6-32｜原创的今日头条推广文案

3. 要包含关键词

今日头条平台通过智能算法来为消费者推荐内容，商家要想让今日头条文案更容易被平台推荐，就需要在文案正文中增加关键词。平台对正文中的关键词进行识别和标记后，就会将文案推荐给阅读过类似文案的消费者。那么，今日头条平台是怎么通过关键词识别文案的类型和所属领域的呢？其主要是凭借以下两种判断方法。

- **高频词**｜高频词即文案中出现频率比较高的与主要内容相关的词语。例如，一篇时尚类的今日头条文案，其主要内容是关于夏季服装搭配的知识，那么正文中出现的高频词可能是T恤、短裤、连衣裙、衬衣等与文案主题相关且出现频率较高的词语。

- **低频词**｜低频词指出现使用频率低、出现次数较少的词语。今日头条中有很多类型相同的文案，这些文案中相同性质的词语就不容易被平台作为关键词提取，但如果使用一些有差异性的词语来展示商品的个性或风格，这些词语就容易被平台作为关键词进行标记。

因此，在写作今日头条文案正文时，电子商务文案人员要尽量多提炼让今日头条平台容易识别的关键词。系统识别出关键词后，会将这些关键词与今日头条文案的分类模型中的关键词模板进行对比，如果吻合度较高，就会为今日头条文案标注对应类型的标签。例如，某篇今日头条文案被提取出来的关键词有"卸妆""清洁""爽肤水""眼霜"等，那么该文案就可能被标注"时尚""护肤""保养""化妆品"等标签。平台由此完成对该文案的初步分类后就会将其推荐给经常关注"时尚""护肤""保养""化妆品"等内容的消费者。

专家指导

　　除了通过文案正文内容来识别关键词外，平台的推荐机制还会对标题中的内容进行关键词识别和分类对比。因此，标题中也要包含具有代表性的关键词，以便文案被更好地推荐。

4. 其他写作注意事项

　　今日头条的文案要尽量图文结合，文字通俗易懂，图片直观、格式统一。一般文案主页建议搭配一张大图或3张小图，可根据目标消费群体的喜好来选择配图。图片内容要与文案内容相关，风格可以是搞笑的、个性的、严谨的、清新的，但要与文章的整体风格保持一致。文案正文内容也可以与微信公众号文案一样，通过优化标题、加粗、编号等方式来突出重要内容，行与行、段落与段落之间的距离也要适中，要整体上给人舒适的阅读体验。

6.5　视频直播类平台的推广文案写作

　　近年来，随着移动互联网通信技术的普及和电子商务新媒体的发展，以及视觉图像比文字、图片更加直观、立体，更能真实还原场景的优势特征，观看网络视频、直播成为消费者喜爱的娱乐方式，视频直播类平台也逐渐成为消费者重要的娱乐平台、商家营销推广的重要阵地。所以，电子商务文案人员要掌握视频直播类平台的推广文案的写作方法。

6.5.1　视频平台的推广文案写作

　　视频平台主要包括综合内容视频平台和短视频平台两种不同的类型。综合内容视频平台以电视剧、电影、综艺、纪录片、体育赛事等内容为主，平台购买了版权的视频是核心内容，因此其文案多与这些视频相关，且内容直白。短视频平台的视频以泛娱乐化的内容为主，有趣的、吸引人的短视频都可能带来巨大的流量，其文案主要讲究新意。

1. 综合内容视频平台文案写作

现在许多消费者喜欢观看网络视频，网络视频的点击率和收视率很高，因此商家可与以爱奇艺、优酷、腾讯视频等为代表的综合内容视频平台开展合作，在视频中推出有趣的商品文案，让消费者在娱乐的过程中产生购买商品的意愿。一般而言，商家与综合内容视频平台合作的形式有两种，即在综合内容视频平台中植入文案和在视频内容中植入文案。另外，综合内容视频平台大多具有互动功能，商家可以通过弹幕、评论等与消费者互动，快速获取消费者的反馈与意见，从而更好地调整营销计划。

（1）在综合内容视频平台中植入文案。

在综合内容视频平台中植入文案包括在视频开始前植入广告文案（见图6-33）、在移动端 App 中展示广告文案（见图6-34），以及在视频中途弹出商品海报等。这种广告文案多采用硬植入的形式，其优点在于能全面详细地让消费者了解品牌或商品的信息，但其也有明显的缺点：由于与视频内容关联性低且过于直白，所以容易被消费者当作多余信息忽略。

图6-33｜视频开始前的广告文案

图6-34｜移动端App中展示的广告文案

（2）在视频内容中植入文案。

在视频内容中植入文案是指根据视频内容定制文案，将文案有机地融入视频中，成为视频的一部分。此类文案既不会让消费者感觉突兀，又能以新奇的创意和较强的娱乐性来吸引消费者的注意，能起到不错的推广效果。例如，某电视剧中，女主角的朋友与男友分手之后搬家，女主角向对方推荐58同城上的房子，在朋友与房东的交谈中，借房东之口说出"58同城房东直租，省中介费"。该广告植入既深度融合剧情，又很好地传达了"房东直租，租房就上58同城"的主张，如图6-35所示。

在视频内容中植入文案，还有一种非常流行的形式就是"创可贴"式文案。"创可贴"式文案是一种创新场景的精准广告文案，它可以无缝地融入剧情场景中，从而实现文案与视频内容紧密相关。也就是说，在剧情发展过程中，视频会在不经意间跳出一句文案，以剧情弹幕的形式与画面内容形成呼应。这些文案看似随意，实则是经过严格考量的，要既能够推动情节的发展，又能引发消费者共鸣，让消费者感觉有趣或出乎意料。

图6-35 | 融入视频的广告文案

有些文案内容直接借用了热播剧中的部分台词，不会使观众感到突兀，同时又利用巧妙的谐音增强了文案的幽默感，并表达了自身的品牌理念。写作"创可贴"式文案尤其要注意以下几个要点。

- **首先确定定位** | 与品牌和商品一样，每部视频也有目标消费群体。电子商务文案人员要事先确定目标消费群体，再去寻找与之相匹配的视频。例如，一部以青少年为主要观看群体的青春偶像剧，就不适合植入高档护肤品牌的文案。
- **文案内容要与剧情契合** | 电子商务文案人员要从剧情中寻找与商品属性相关的植入机会，并加入契合的文案，不可破坏原有的情节，也不能不符合剧中的人物设定和情节发展。例如，在男女主人公因职业规划不同而分手的剧情中，无故插入某生活电器商品的广告，广告内容与剧情脱节，这就很难引起消费者的兴趣。
- **注意文案的写作风格** | 一般来说，"创可贴"式文案不会长时间停留在屏幕上，且消费者的主要精力还是集中于剧情，所以这类文案应做到短小精悍、通俗易懂，尽量接地气，同时不能拐弯抹角，应直接表述核心观念，让消费者在短时间内留下深刻的印象。
- **文案出现时机有讲究** | 仔细分析后可发现，要想"创可贴"式文案效果好，就得选择合适的文案出现时机，文案最好能紧跟情节发展和故事人物出现。例如，小狗电器植入文案时，一方面，其文案贴合重要角色当时的态度；另一方面，当时正是故事发展的精彩之处，充满了戏剧张力，这时植入文案更容易引发讨论。

素养园地

创意中插广告也是一种新型的视频广告形式。创意中插广告就是将广告编成一个个小故事，由电视剧中的主演演绎的视频广告形式。创意中插广告虽然比"创可贴"式文案有更多的时间去介绍商品特点或品牌理念，故事性也更强，更容易被消费者接受，但如果与剧情关系不大或新意不够，就容易使消费者觉得无聊从而无视，推广效果不佳。因此，"创可贴"式文案相对来说是更稳妥的推广方式。

2. 短视频平台文案写作

短视频文案的基本
写作原则

常见的短视频平台包括抖音、快手、微视等，其内容以用户输出内容和专业输出内容为主，是商家运营的主要阵地。短视频平台文案主要由标题、简介、脚本等组成。其中，标题展示的是短视频的主题，可以利用蹭热点、设置悬念等技巧进行写作，以刺激消费者产生点击观看的欲望；简介是对视频主题内容的介绍或引入；脚本则是短视频中的台词，包括旁白、角色台词、字幕等，即用于组成视频的主要文字。通常制作短视频前需保证脚本已经写好，这样才能让拍摄顺利进行。

（1）短视频文案标题写作。

对于短视频平台的消费者来说，打开短视频时首先映入眼帘的是短视频画面，而标题可能位于屏幕左下角，也可能直接随着自动播放的短视频显示，或者在短视频播放几秒后才会显示，并不会像微信公众号文案标题那样直接决定点击量和推广效果。但是，一个好的短视频文案标题能很好地概括短视频主题，消费者在决定是否要继续观看短视频时，依然会将标题作为了解短视频内容的重要渠道。

对于短视频来说，其文案标题是消费者快速了解短视频内容并形成记忆的重要途径，标题写得越好，给消费者留下深刻印象的概率就越高，推广的效果也就越好。表 6-1 所示为抖音某个月发布的热门短视频文案的标题及其特点。

表6-1 热门短视频文案的标题及其特点

标题	特点
×××平方米，只花×万元装修，就像住在爱情海边	场景化
T恤热裤的时尚搭配，风格随意切换	价值利益
豆浆机突然爆炸，专业检测结果让人目瞪口呆	欲言又止
防晒霜和太阳伞你选哪个	互动讨论
在外打拼，生活不易	共情
最后一句是我的心声……	设置悬念
××同款瑜伽裤，真的超好穿	名人
端午节的粽子，适合搭配什么饮料	热点
你每天吃的早饭，真的健康吗	引发危机感
爱上一个不回家的人，等待一扇不开启的门	段子

在撰写短视频标题时，要注意字数适中、合理断句，适当借助修辞手法，如夸张、对比等，以增强标题的表达效果，在凸显主题的同时增强标题的吸引力。另外，由于短视频平台都有系统推荐机制，所以电子商务文案人员在写作短视频文案标题时要考虑系统推荐机制，尽量避免短视频文案标题中出现系统不能识别的词，从而降低短视频推荐量。系统

186　不能识别的词包括非常规词（"活久见"等）、生僻词（过于专业的词或者术语等）和不常用缩写词（将重庆缩写为"CQ"等）。

（2）短视频简介写作。

短视频简介通常位于标题下方，用于展示视频主要内容、素材来源、视频灵感、作者信息、其他链接等，是消费者快速了解视频内容的途径之一，同时可以辅助标题的表达。但部分短视频平台并不严格划分标题与简介，如抖音只需一段简短的文本介绍。

（3）短视频脚本写作。

短视频脚本是对整个短视频的构思与策划，以此构成整个短视频的内容大纲。写作脚本时应注意人物、场景、事件、具体台词等，由此完成短视频的内容填充。以下为某结婚策划推广视频的脚本示例。

故事：电影院求婚。

场景一：男女主角各自的家里

某一个白天，男主角正在自家的客厅打电话。手机铃声响，此时切换至女主角视角，女主角正在自家客厅的沙发上看电视，随后手机铃声响起，她很快接起。

女主角："喂，什么事啊？"

男主角："最近上映的那个电影你不是一直想看吗，刚好明天周末，我们一起去看吧！"

女主角："好啊，明天几点。"

男主角："明天下午四点。"

女主角："好，明天见。"

挂断电话，女主角继续看电视。

场景二：电影院门口

女主角在电影院门口踱步，不停地看时间，打电话，没有人接通，她既焦急又生气。不一会儿，排队的人都进场了。此时女主角的手机铃声响起，女主角立马接通。

男主角："实在不好意思，雅雅，今天的电影只能你一个人看了。中午我和小泉吃饭，他突然肚子痛，我送他去医院了，我暂时得在医院照顾他，走不开。"

女主角："没事，小泉家人没在这边，你先好好照顾他，需要我帮忙吗？"

男主角："不用，我一个人就可以了。谢谢你，小雅，下次我一定好好陪你。"

场景三：电影院内

女主角走入电影院，电影屏幕上出现了自己的照片和男主角的表白视频，接着男主角抱着花出现在她面前，女主角前后左右的人则举起"嫁给我""在一起""我爱你"的标牌。男主角单膝跪地对女主角表白。

男主角："亲爱的，今天在场的有我们的大学同学、朋友，你工作以后认识的同

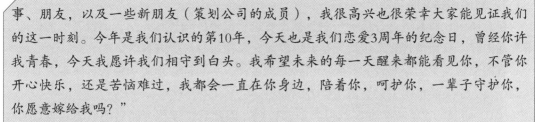

事、朋友，以及一些新朋友（策划公司的成员），我很高兴也很荣幸大家能见证我们的这一时刻。今年是我们认识的第10年，今天也是我们恋爱3周年的纪念日，曾经你许我青春，今天我愿许我们相守到白头。我希望未来的每一天醒来都能看见你，不管你开心快乐，还是苦恼难过，我都会一直在你身边，陪着你，呵护你，一辈子守护你，你愿意嫁给我吗？"

女主角含泪激动地点头，两人拥抱。最后大家一起欢呼并合影。

最后，电子商务文案人员还需根据拍摄情况实时丰富与优化细节，优化短视频最终呈现效果。

专家指导

短视频脚本质量与短视频吸引力都与短视频本身的构思设计息息相关。为了吸引消费者完整观看短视频，电子商务文案人员应注意对短视频做巧妙构思，如内容要融入生活、幽默风趣等，具体内容可扫描右侧二维码查看。

短视频构思技巧

6.5.2 直播平台的推广文案写作

由于直播电商发展迅猛，越来越多的企业或品牌开始在各大直播平台中开设直播间，以促进商品和品牌的销售和推广。直播电商也成为当前主流的电商卖货方式之一。

素养园地

直播电商是以用户为中心、重视社交属性的新电商模式，其本质是一种数字经济发展业态。目前，数字经济正在不断发展，成为推动我国经济高速增长的新动力。而我国社会产业的不断创新变革，经济实力的不断提升，彰显了我国始终坚持走中国道路，探索并形成符合自己国情的、正确的现代化道路的巨大作用。未来，我们将继续走中国特色的电子商务发展道路。

直播可以定义为"利用即时视频、音频通信技术同步对商品或者服务进行介绍、展示、说明、推销，并与消费者进行沟通互动，以达成交易为目的的商业活动"。通俗地讲，直播电商就是以主播展示并讲解商品为吸睛点，在直观地展示商品的同时刺激消费者的消费欲望，以达到出售商品的目的。在淘宝、抖音等平台从事直播时，其文案内容通常以直播内容为主，直播预告文案、直播过程中主播的内容介绍脚本也属于直播平台文案的内容。

188

1. 直播预告文案写作

在直播前，商家通过直播预告对直播内容进行清晰的描述和介绍，消费者就能提前了解直播内容。直播预告文案包括标题、内容简介和预告视频等内容。

直播预告文案的主要目的是吸引消费者的关注，尽可能多地吸引消费者来观看直播，所以，其一定要简单明了，直击消费者的痛点。

（1）标题。直播预告文案的标题通常较短，因此其必须包含商品的核心卖点或具体的内容亮点，其目的是第一时间让消费者对直播内容感兴趣，如"五一穿搭宠粉福利日""会员 0.01 元抢好礼"等。图 6-36 所示为淘宝直播标题示例。

图6-36 | 淘宝直播标题示例

在写作直播预告文案的标题时，电子商务文案人员还可以参考以下 5 个技巧。

① 标题应尽量展示品牌或商品的风格。

② 标题要触及消费者的痛点。

③ 可以在标题中描绘出消费者的使用场景。

④ 标题要简单明了。

⑤ 标题中尽量不要出现价格和优惠信息，应将其放置到内容简介中。

（2）内容简介。内容简介是对直播预告文案标题的解释或对直播内容的概括，字数在 140 个汉字以内，可以单独成文发布于直播电商平台或其他宣传渠道中，如微博、微信社群等。直播预告文案的内容简介要简洁，可以与直播嘉宾、粉丝福利、特色场景、主播、主打商品等有关，如图 6-37 所示，要从能够吸引消费者的角度来写作。

（3）预告视频。预告视频可以包括直播商品、各种场景等，总之应是与直播相关的内容。电子商务文案人员要尽可能凸显直播的吸引力，吸引消费者准时观看。图6-38所示为预告视频。

图6-37｜内容简介

图6-38｜预告视频

2. 直播过程中的文案写作

在直播的过程中主播除了全方位、详细地展示商品信息外，还需要有意识地与消费者互动，引导其购买商品。因此，电子商务文案人员要提前准备好文案才能更好地实现推广营销。直播过程中的文案通常表现为直播脚本，其分为单品直播脚本和整场直播脚本两种。电子商务文案人员可以提前设计好脚本，撰写出大纲和销售术语，以供主播灵活运用。此外，电子商务文案人员还要注意设计直播间背景文案，这可以配合直播脚本，让整个直播设计更具有感染力和表现力。

（1）单品直播脚本。

单品直播脚本主要针对单个商品，为了保证直播效果，贴合直播风格，电子商务文案人员在设计商品介绍文案时，不能照搬商品详情页文案。因为直播过程中商品介绍文案是作为口播文案形式出现的，所以其内容应该尽量通俗化、口语化。电子商务文案人员应以精练的语言抓住核心卖点，尽量将商品放到使用场景中，搭配主播的现场使用示范，让消费者能更加直观地了解商品的特点。

单品直播脚本要重点突出商品卖点，详细介绍商品参数、用途、工艺、价格、使用场景等。表6-2所示为单品直播脚本示例。

表6-2　单品直播脚本示例

项目	讲解内容	销售话术
品牌介绍	品牌理念	以向大众提供精致、创新、好用的小家电商品为己任，主张以愉悦、创意、真实的生活体验丰富人生。选择××品牌不只是选择一种商品，更是选择一种生活方式
卖点	用途多样	具有煮、蒸、涮、炒、煎等多种烹饪功能
卖点	设计	（1）商品分体式设计，可以当锅，也可以当碗 （2）外观设计美观大方 （3）锅体有不粘涂层，易清洗
卖点	商品优惠信息	"双十一"优惠延续，在直播间下单的小伙伴可以享受与"双十一"同样的价格，下单时备注主播名称就可以了
其他	引导关注主播	关注主播，才可以享受直播间优惠价哦，没关注的小伙伴记得关注
其他	引导分享直播间	现在分享直播间，可以领一张满199元减30元的优惠券，这样购买更加划算哦
其他	引导点赞	点赞满8万个、满15万个都会送礼哦，大家赶快点赞
其他	引导成为会员	现在关注网店，成为网店会员可以领会员专属的优惠券，还可以享受会员专属的一分换购商品权益。另外，直播期间内会员下单备注"会员福利"，还会额外赠送一份好礼，没关注网店的赶紧关注，没注册的赶紧注册

专家指导

　　由于直播比图片更加直观，所以商品介绍文案可以更加具体化，在叙述时应首先突出商品功能上的优势，如背包容量大、经典百搭等；其次深入讲解商品细节，如背包印花清晰、拉链结实等。避免仅使用好看、漂亮等抽象的词。

　　（2）整场直播脚本。

　　整场直播脚本是以直播所有单品为基础，对整个直播过程进行的规划和说明。整场直播通常有一定规律，首先是开播后开场预热，引导消费者关注；其次是活动预热，简单介绍所有商品并重点推荐潜在热门商品；再次是逐一讲解商品，中途可设置互动环节；最后回顾主推商品，吸引消费者下单，若第二天还有直播，还会预告直播内容。整场直播脚本基本是按照上述流程写作的。表6-3所示为某家电品牌的整场直播脚本示例，从中可以看出对整场直播的规划。

表6-3　整场直播脚本示例

项目	××品牌整场直播脚本		
直播时间	2022-3-26，20:00—22:00		
直播地点	××直播室		
直播主题	××品牌家电促销		
商品数量	9款		
人员分工	主播：××　　　助理：××　　　客服：××		

时间段	流程规划	人员分工		
		主播	助理	客服
20:00—20:10	开场预热	自我介绍，与先进入直播间的用户打招呼，介绍抽奖规则，强调每日定点开播，介绍今日主推商品	演示抽奖的方法，回答用户提出的问题	向各平台分享开播链接，收集中奖信息
20:10—20:20	活动预热	简单介绍本场直播所有商品，说明直播间的优惠力度	展示所有商品，补充主播遗漏的内容	向各平台推送直播活动信息
20:20—20:25	商品推荐	讲解第1款商品，全方位展示商品外观，详细介绍商品特点，回答用户问题，引导用户下单	与主播互动，协助主播回复用户问题	发布商品的链接，回复用户问题
20:25—20:30	商品推荐	讲解第2款商品	同上	同上
20:30—20:35	红包活动	与用户互动，发送红包	提示发送红包时间节点，介绍红包活动规则	发送红包，收集互动信息
20:35—20:40	商品推荐	讲解第3款商品	同上	同上
20:40—20:45	商品推荐	讲解第4款商品	同上	同上
20:45—20:50	抽奖活动	点赞满××即抽奖，中奖者获得保温杯一个	提示抽奖活动时间节点，介绍抽奖规则	收集中奖者信息，与中奖者取得联系
20:50—20:55	商品推荐	讲解第5款商品	同上	同上
20:55—21:00	商品推荐	讲解第6款商品	同上	同上
21:00—21:10	抽奖活动	点赞满××即抽奖，中奖者获得30元优惠券	提示抽奖活动时间节点，介绍抽奖规则	收集中奖者信息，与中奖者取得联系
21:10—21:15	商品推荐	讲解第7款商品	同上	同上
21:15—21:20	商品推荐	讲解第8款商品	同上	同上
21:20—21:25	商品推荐	讲解第9款商品	同上	同上
21:25—21:30	红包活动	与用户互动，发送红包	提示发送红包时间节点，介绍红包活动规则	发送红包，收集互动信息

续表

时间段	流程规划	人员分工		
		主播	助理	客服
21:30—21:50	商品返场	对呼声较高的商品进行返场讲解	协助客服向主播提示返场商品，协助主播回复用户问题	向助理与主播提示返场商品，回复用户问题
21:50—22:00	直播预告	介绍明日主推商品，引导用户关注直播间，强调明日开播时间和直播福利	协助主播引导用户关注直播间	回复用户问题

相比于单品直播，整场直播将面临更多的活动和转场过渡，主播还需要经常与助理和客服互动。主播在整场直播中与助理、观众和客服的互动内容示例如下。

（面对助理）你知道吗，（面对镜头）今天上新的商品真的筹备了很久，价格非常优惠，类型也很多，有××、××、××、××，大家今天一定要来直播间哦！

红包雨来咯，红包雨来咯，快抢起来，我们今天提供了××元的红包，赶快领啊！我也领了××元（互动）。

现在所有的商品都已经介绍完了，大家还有想看或想要咨询的吗，都可以告诉主播，有问题都可以问哈！大家还想要了解哪款商品呢？

现在已经抽奖完毕了哈，中奖的有×××、×××、×××。你们下单了吗，下单了就联系客服，发送中奖截图，到时候赠品会随订单一起发货，客服记得备注一下。

直播脚本并不是一成不变的，主播将会根据实况对脚本进行灵活调整，因此电子商务文案人员只需提供一个比较适用的术语。由于这些术语有一定的规律和固定写法，可以作为以后其他直播的写作模板，所以，电子商务文案人员要多琢磨直播，积累经验，不断提高自己的文案创作能力。

（3）直播间背景文案。

一般来讲，除了讲解商品卖点，主播还应以提供低价和优惠的方式来促进商品的销售。主播的一项重要任务就是渲染低价促销氛围，因此，除了口头上反复强调促销信息，如准点发放优惠券、享直播专属价和赠送礼品外，还可以在直播间背景中展示特定的文案。直播间背景文案一般有活动主题、优惠活动信息或者直播间互动规则，如图6-39所示。

写作直播间背景文案时要注意以下几点。

① 直播间背景文案应放在醒目位置，且不可遮挡商品。

② 直播间背景文案应尽量简洁，如果内容涉及活动规则，应尽量简单易懂。

③ 直播间背景文案可以将文字与小尺寸图片或图标进行搭配，但图片或图标的配色不可花哨，要与直播间风格相符。

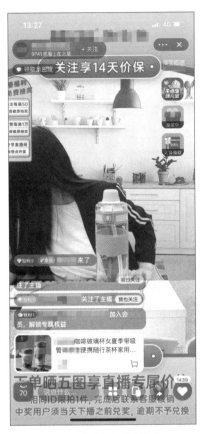

图6-39 | 直播间背景文案

专家指导

除了直播文案本身的质量外，主播的口头表达也会影响直播文案传达的效果。主播在介绍商品的核心卖点、优惠促销等信息时，应该放慢语速，加重语气。尤其是促销信息，主播至少要重复两遍，一方面避免消费者没有听清，另一方面可以起到强调作用。

素养园地

为了促进直播行业健康发展，维护市场秩序，在销售商品或提供服务时，要注意不得暗示、诱惑、鼓励消费者大额'打赏'或引诱未成年人'打赏'，不得煽动、诱导消费者打赏或购买商品，也不得以自我打赏等形式炒作。比价促销直播时，应以文字显著标明销售价格、被比较价格及其含义。应当依法依规开展直播，进一步规范网络直播行为。

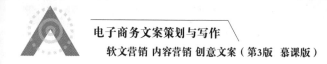

6.6 本章实训

实训背景

我国有四大发明，即造纸术、指南针、火药、印刷术，其不仅对我国的政治、经济、文化产生了重大影响，经多种途径传播至海外后，更是极大推动了世界文明发展的进程。事实上，在古代农业领域也有"四大发明"，那就是稻作栽培、大豆生产、养蚕缫丝和种茶制茶。

《中国农业的"四大发明"》是一本讲述古代农业"四大发明"的图书，并入选了2021年丝路书香工程项目。负责推广该书的小江打算根据自己搜集的有关该书的资料，在微博和微信公众号发布推广文案。

图书相关资料

6.6.1 策划并写作图书的微博推文

微博文案具有传播快速的特点，为了更好地达到推广目的，小江打算在微博中插入商品链接，并通过转发抽奖活动推广该图书。

1. 实训要求

（1）运用微博文案的写作技巧。

（2）微博文案中插入图片、链接、转发抽奖活动等，增强文案的吸引力。

2. 实训准备

写作时需要从商品信息中提炼卖点，展示商品价值，增强文案的吸引力，如展示商品数量等，然后搭配插图，展示商品。另外，需要在文案中插入商品链接，并说明"转发抽奖"，促进文案的二次传播。

3. 实训步骤

策划并写作该图书的微博推文的思路如下。

（1）从已有资料中提取信息。根据提供的资料可知，该书入选了2021年丝路书香工程项目，此书为四色精装收藏版，局部烫金，四色印刷，绿色环保，书中汇聚了30多家博物馆（院）珍藏文物原图，并从众多图书馆藏品中精选出数百幅图片。因此，写作内容可以侧重上述几点，突出商品价值。

（2）提升推广效果。在微博文案中设置"转发抽奖"有利于推广文案，因此小江将此设为话题，配合商品信息，继续提供利益点，如该书介绍农耕文明，目前只发行2000套，购买即送茶宠等。另外，小江打算在微博文案中插入商品链接以方便消费者点击，促进交易。最后，附上抽奖规则，搭配商品图来展示商品。微博推广文案示例如图6-40所示。

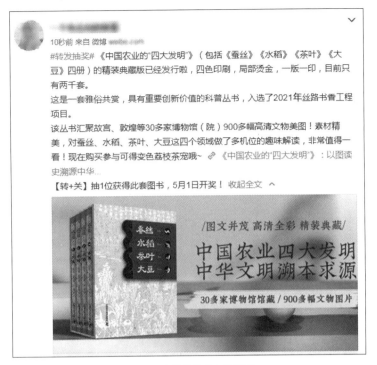

图6-40 微博推广文案示例

6.6.2 策划并写作图书的微信推文

现以所推图书为主题,策划微信公众号文案,吸引消费者阅读文案内容并对该图书产生兴趣。

1. 实训要求

(1)设计微信公众号文案封面图、标题、摘要。

(2)结合图片、排版和配色方面的技巧完成文案写作。

2. 实训准备

小江可围绕商品的详情页信息来写微信推文。例如,文章的标题、配图、摘要和正文的卖点信息介绍等都可以从商品详情页中提取出来。另外,还要注意文案排版的合理性。

3. 实训步骤

策划并写作该图书的微信推文的思路如下。

(1)设计微信公众号文案内容。微信公众号文案内容有4个部分:封面图、标题、正文、结尾。在封面图方面,可以该书宣传图作为封面图。在标题方面,可以"你真的了解我国的'四大发明'吗?"为标题,以提问的形式吸引消费者观看。摘要简单、有吸引力即可,如"原来农业也有'四大发明'"。在正文开头简要介绍农业"四大发明",然后分点罗列本书卖点。最后,以情感号召结尾,吸引消费者点击购买链接。

(2)设计微信公众号文案正文排版。一般要求排版美观、方便阅读即可,可插入与

196 正文内容相关的、清晰的图片作为佐证。正文设置为左对齐，段落间距要适当，图片设置为居中对齐，小标题统一设置不同的字体和样式，与正文形成对比。文案中选用的小栏目样式或标题样式配色选择与商品宣传图相近的颜色。微信公众号文案的整体效果如图 6-41 所示。

图6-41 | 微信公众号文案的整体效果

巩固与练习

1. 选择题

（1）[多选]写作微博文案时，为了增强文案的吸引力，可以灵活利用的技巧包括（　　）。

    A. 利用话题   B. 解答疑难

    C. 内容分享   D. 科普解说

（2）在微信朋友圈中通过介绍一些专业知识内容进行推广，指的是微信朋友圈文案写作方式中的（　　）。

    A. 直接推广   B. 生活分享

    C. 介绍专业知识   D. 融合热点

（3）一篇完整的微信公众号文案的写作涉及（　　）。

    A. 标题和正文

    B. 标题、封面图和正文

    C. 标题、摘要和正文

    D. 标题、封面图、摘要和正文

（4）直播预告文案通常可以包括（　　）方面的内容。

    A. 标题   B. 内容简介

    C. 预告视频   D. 以上选项都属于

2. 简答题

（1）根据你的理解，谈谈可以如何推广微博文案。

（2）若需要在微信朋友圈以分享生活的形式推广某品牌洗衣液，应如何构思文案？

（3）今日头条文案的写作应注意哪些方面？

（4）短视频如何设计得更具有吸引力？

3. 材料题

图6-42所示为某淘宝店官方微信公众号发布的一篇文案。请浏览这篇文案，回答以下问题。

（1）这篇推文的写作目的是什么？

（2）请从微信公众号推广文案写作的角度来分析该文案，谈谈你从中学到了什么，并试着换一种写法。

图6-42 | 微信公众号文案

软文类
电子商务文案写作

学习目标

【知识目标】

| 了解电子商务软文的类型和写作要求。

| 熟悉电子商务软文的写作技巧。

| 掌握电子商务软文写作的注意事项。

【能力目标】

| 能撰写高质量的电子商务软文。

| 能及时、高效投放电子商务软文。

【素质目标】

| 具备较强的法律意识，写作的软文不触及敏感问题。

| 具备诚实守信的精神，不搞恶意竞争。

引导案例

在商业广告领域，营销推广的方式多样。在早期，有借助新闻稿来包装品牌和商品，扭转品牌困境，塑造品牌形象的；也有在报纸上刊登感人故事，在其中植入商品广告的。在互联网时代，营销推广的方式也一并延续到网络环境中，其中就有在网上发布长图文借故事来打广告的，如天才小熊猫。

天才小熊猫发布了许多优秀作品。例如，天才小熊猫发布了文案《千万不要用猫设置手机解锁密码》，其讲述了"我"有一天突发奇想，在玩一台指纹解锁手机的时候，使用了猫的指纹，并附上了猫和手机的照片。结果，当晚忘了给手机充

200 电，于是第二天不得不抱着一只猫去公司上班，并经历了一系列事件，如被地铁拒载、被出租车司机打趣、被同事围观，甚至因PPT文件存在手机里，而不得不在开会时用猫的指纹来解锁等。一环扣一环的剧情引人入胜，极大地调动了网友的阅读兴趣，让人忍俊不禁。最终，该文案获得了上万次的转发和几亿次的阅读量，成就了广告主、电子商务文案人员和广大网友的"三赢"，这就是软文的力量。

在品牌的营销推广中，这样的写作方式不胜枚举。图 7-1 所示为《来到平行宇宙后，我开启一场逃生之旅》的互动软文节选。该文案开头就设定了一个故事情节，即一觉醒来发现"我"出现在平行世界，且所在的城市已经陷入瘫痪，"我"需要逃离谋生，寻找净土，回到原来的世界；然后"我"选择交通工具一路前行，净化水源、处理伤口，发现新物资等，文中还提供了选项，供"我"点击；接着拿到牛奶物资后，环境骤变，出现了一个工厂，利用牛奶盒打开工厂大门，果然回到现实世界，原来绿色低碳方式就是连接两个世界的钥匙，而这就是伊利的品牌理念。

图7-1 | 互动软文节选

该软文非常自然地将伊利商品融入故事设计当中，例如点击发现的物资，将提示"恭喜你！找到了开启有机新生活的密钥"，其中，'有机新生活'一直被品牌所倡导。而后文，更是自然地引入了品牌的低碳理念，使消费者对品牌助力环保，拥抱全新的可持续、健康生活方式的理念印象深刻。该文案将品牌理念非常自然地融入文字当中，起到了无形中让消费者接受推广对象的作用。这就是电子商务软文的特点。电子商务软文作为一种非常有效的广告形式，被许多企业和品牌所青睐。为了更好地适应岗位的需要，电子商务文案人员应熟练掌握电子商务软文的写作方法。

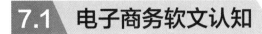

7.1　电子商务软文认知

电子商务软文指通过一种"软"植入的方式将宣传内容与商品内容合理地结合起来，将营销目的与文字有效融合，让消费者在津津有味的阅读中了解相关商品和信息，从而产生购买欲望的文案。电子商务软文的营销推广作用是非常明显的，电子商务文案人员可以在软文中介绍商品或品牌，也可以添加推广链接，一旦软文被大量转载，这些内容就会被众多消费者浏览，从而达到宣传商品或品牌的目的。

7.1.1　电子商务软文的类型

电子商务软文作为营销利器，现在许多商家都愿意利用它来抢占市场。常见的电子商务软文可以分为以下 3 种类型。

1. 推广类软文

介绍商品、品牌或者加入推广链接的文案都可以称为推广类软文。这类软文一旦被大量转载，其推广效果非常明显。图 7-2 所示的推广类软文中就附上了精美的商品图片。

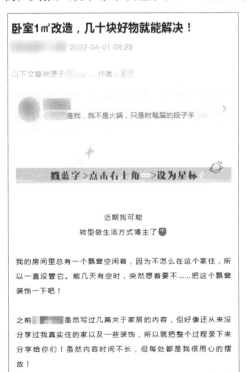

图7-2｜推广类软文

2. 公众类软文

公众类软文是指企业或机构处理内外公共关系，以及向公众传递各类信息的软文，其

202 主要发布于官方网站及其他社交平台。这类软文的写作目的通常是处理企业与员工之间、企业与消费者之间、企业与公众之间的关系，当企业有重要行动或发生重要事件时，可以通过发布公众类软文来协调相关关系，从而保证企业的正常运行，保护企业的相关利益。公众类软文通常又可以分为公关软文和新闻软文两种类型。

- **公关软文** | 公关软文指对品牌形象塑造、品牌推广和企业公众关系有帮助的文案。例如，在《外卖骑手，困在系统里》一文引起网络热议之后，一些外卖平台站在了舆论的风口浪尖之上。在面对舆论对骑手的理解和同情，对外卖平台不满，对骑手安全持怀疑态度的时刻，某外卖平台发布《感谢大家的意见和关心，我们马上行动》文案，文案开头诚恳承认错误，并提出了多项处理意见，其良好的回应态度获得了不少网友的认可。图7-3所示为公关软文部分示例。

图7-3 | 公关软文部分示例

- **新闻软文** | 新闻软文通常是报道企业或机构的新闻事件的文案。图7-4所示为新闻软文示例，企业可以通过这类软文向公众传递企业信息。

图7-4 | 新闻软文示例

3. 品牌力软文

品牌力由品牌商品、品牌文化、品牌传播和品牌延伸在消费者心中协同作用而形成，是品牌知名度、美誉度和诚信度的统一，指消费者心中形成的品牌概念对其购买决策的影响程度。品牌力软文就是宣传某个品牌的软文，其主要目的是提升品牌形象，促进品牌资产的积累，从而提升品牌竞争力。

品牌力软文可以由内部人员撰写，或由企业主导、找人代写，也可以是消费者写作的对商品的使用感受的文案，还可以是从外部收录的文案。在品牌力软文中，品牌故事软文的推广效果比较好。品牌有了故事，它的附加值就能得到很好的提升，也能加深消费者对品牌的记忆。例如，某品牌文案就从产地、种植方式等对商品的生长环境做了介绍，有利于提高商品价值，提升品牌影响力。图 7-5 所示为品牌力软文示例。

图7-5 | 品牌力软文示例

7.1.2　电子商务软文的特点

电子商务软文作为商家营销推广的重要手段之一，是一种颇具技巧性的广告形式，如果文案质量佳，其阅读量一般比较高。下面将介绍电子商务软文的特点，以帮助电子商务文案人员深入认知电子商务软文。

- **商业性强** | 从本质来说，电子商务软文属于广告，其是为企业、品牌或商品服务的。
- **语言网络化** | 电子商务软文注重"新"，其内容多为较新颖的、通俗的内容，而且电子商务软文在网络渠道传播，因此，自然会使用网络用语。
- **内容多元化** | 当前的电子商务软文有漫画型的，也有插入图片、视频、音频等的，内容丰富。

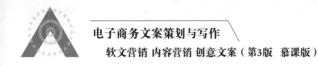

204　　• **传播分享型**｜电子商务软文内容通常为有价值的知识性内容或有趣的故事，分享传播性较高，强调消费者与朋友、家人等分享，而其他的广告往往不强调此点。

7.1.3　电子商务软文的营销优势

软文营销是当前非常重要的营销手段，一篇优秀的电子商务软文在商品或品牌营销中的重要作用是不容忽视的。

1. 广告意图隐蔽

相较于其他类型的文案而言，电子商务软文往往带有科普性、故事性、新闻性，其广告意图并不醒目，往往隐藏在让消费者喜闻乐见的知识性内容中，让消费者在阅读文案的过程中不知不觉地记住企业、品牌、商品或服务。

2. 传播形式多样

随着互联网技术的不断更新，电子商务软文传播形式多样，企业或品牌可以根据需要选择合适的推广策略、发布形式和信息内容等。围绕传播主题，电子商务文案人员可以策划软文的类型和表达形式，既能彰显企业或品牌独特的个性，又能精准定位目标消费者的兴趣，投其所好。

3. 传播效果好

电子商务软文强调"润物细无声"的传播方式，具有潜移默化的传播效果。在写作上，电子商务软文往往表现出文笔细腻、情感丰富的特点，亲和力十足，不会像硬广告一样容易被消费者排斥，而且电子商务软文常常塑造出娓娓道来之感，因此消费者会更容易接受，甚至愿意二次传播。

4. 传播效应明显

新媒体时代是内容营销的时代，电子商务软文通过文字将品牌信息传递给相应目标消费者，让其在不知不觉中记住品牌信息，因此可以发挥良好的作用。同时，软文给消费者留下深刻印象之后，消费者很可能主动分享软文，从而形成口碑效应，这比一般的广告效果更好。总体而言，软文营销的作用包括提升品牌知名度、增强品牌竞争力、帮助品牌打开市场。

7.2　电子商务软文的写作要求

软文营销是一种非常重要的商品或品牌推广手段，因此，写作高质量的电子商务软文非常重要。通常来说，电子商务软文的写作可以参考以下要求。

7.2.1　定位精确

在撰写电子商务软文前应当明确电子商务软文针对的消费群体，且应有明确的、完整的主题，这样写出来的电子商务软文才有针对性。例如，图7-6所示的电子商务软文定位的就是久坐的职场人员，该文案看似在科普为什么工作之后不爱动，并介绍了人体的骨骼，实质是通过科普专业医学内容，引出推广的商品。

图7-6｜定位精确的电子商务软文

7.2.2　创意新颖

人们总是对新鲜的事物感兴趣，好的文案创意不仅能吸引消费者，还能取得很好的传播效果。创意新颖要求电子商务文案人员开拓视野，多角度、多领域地发挥想象力。创意新颖是电子商务软文发挥效用的根本所在，包括布局的新颖、构思的新颖、写作角度的新颖、语言风格的新颖……不断提高电子商务软文撰写的创新能力，才能写出新颖的高质量的电子商务软文。

例如，文案《拒绝emo！一份来自文艺界的温暖贴士》在开头以如何对抗emo（网络用语，指一种不稳定的情绪，多是抑郁的、悲伤的情绪）为话题，依次介绍了文艺界人士对抗不良情绪的方法，并一步步引入穿衣风格话题，提出"想要全面提升自信，从穿对衣服开始"的主张，最后引出推广品牌——海澜之家，并介绍其推出的春夏新品T恤。该文案以油画的形式，以一些文艺作品为题材，设计广告创意来开展软文营销，角度新奇、创意十足。图7-7所示为该创意新颖的电子商务软文节选。

图7-7｜创意新颖的电子商务软文

7.2.3 感染力强

电子商务软文包含长篇的软广告，如果写出来的软文空洞乏味，缺少感染力，那么文案的可读性和耐读性会很低，就不能引起消费者的阅读欲望，得不到他们的认可。要想写出富有感染力的软文，电子商务文案人员要对事物保持敏感，能够捕捉生活中的闪光点，善于用文字塑造场景，使消费者能代入其中，从而引导对方产生某种行为。

图7-8所示为一篇感染力强的电子商务软文。其正文抓住了每个人都渴望过得更好的需求，讲述了几个有趣的故事，感染力较强，很容易让消费者被文中的观点影响，意识到读书、运动、蓄力的重要作用，从而愿意了解该软文所推广的家庭藏书计划。

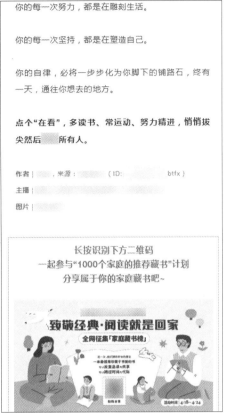

图7-8 | 感染力强的电子商务软文

7.2.4 自然融入广告内容

软文营销较难操作的部分就是把广告自然地融入文案的同时又不引起消费者的反感。一篇成功的电子商务软文能让消费者在读过之后,没有感受到广告的存在,还感觉受益匪浅,认为软文为其提供了不少帮助。电子商务文案人员要注意,融入广告并不是最后的步骤,相反,要在写文案之前就想好广告的内容和目的,这样才能将广告自然地融入软文中。

图7-9所示为电子商务软文《河北美食千千万,不信进来看》,其从河北地道美食入手,依次介绍了驴肉火烧、坝上莜面、火锅鸡等,并借火锅鸡的烹饪选材引入推广对象——×××风味菜籽油,整篇文案的设计自然而不生硬。

专家指导

如果写的是新闻软文,则必须满足"新"的特点,越新越好,这样才能引起消费者的关注。

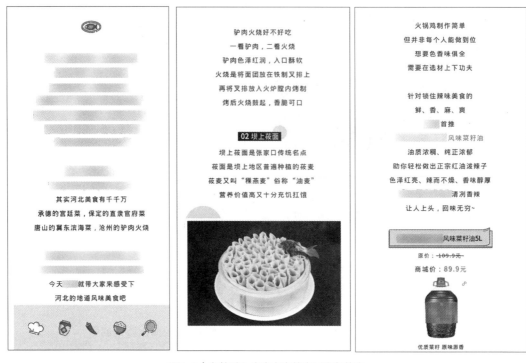

图7-9 | 自然融入广告内容的电子商务软文

7.3 电子商务软文的写作技巧

电子商务软文要实现"软"营销，就必须有足够的吸引力，这样才能吸引消费者阅读，并使其认可软文。通常软文都要求电子商务文案人员找到新鲜有趣的创意点进行内容输出。与此同时，抓准消费者的需求也很重要。综合来说，电子商务文案人员可以参考以下写作技巧，以提高电子商务软文写作能力。

7.3.1 借势

借势是电子商务软文写作的重要技巧。势的范围比较广泛，包括网络流行事物、娱乐新闻、社会事件、节日等，也就是能够普遍吸引人们关注、引起较高讨论度的人、事、物。借助热门事件是很多品牌的常用营销手段，几乎每一次的社会热门事件都能引起各大企业或品牌的营销热潮，越有创意、有内容价值的借势，越能产生不俗的营销效果。

图 7-10 所示的电子商务软文就借助了神舟十三号载人飞船返回舱成功着陆的热点事件，讲述了我国航天事业发展过程中的感人故事，感染力强，让人们在不知不觉中就被故事和航天精神所吸引，产生了解和关注航天事业的渴望，从而接受文末分享的航天科普读物。

图7-10 借势的电子商务软文

7.3.2 吸引消费者的注意力

电子商务软文要想实现营销目标，就需要在第一时间吸引消费者的目光，使消费者对文案产生阅读兴趣，然后通过具体内容吸引消费者的注意力，并将商品或品牌的营销信息传递给消费者，提升商品或品牌的形象，加深消费者对商品或品牌的记忆。总的来说，要吸引消费者的注意力，电子商务文案人员可以从以下方面入手。

1. 设计有吸引力的标题

软文标题直接影响消费者对软文的第一印象，使消费者做出是否点击阅读的决策。因此，设计一个有吸引力的标题十分重要。电子商务文案人员可以在标题中添加流行元素，设计提问、悬念，或体现故事、利益等，吸引消费者点击文案。例如，"久等了 华为新品发布会官宣：麒麟9000又有新版本"等。

2. 提供好处

不管在什么时候，人们总会不自觉地关注与自己相关的利益点，电子商务文案人员可以抓住消费者的这种心理，在写作电子商务软文时从消费者的切身利益出发，以达到吸引消费者注意力的目的。一般来说，电子商务文案人员可以从消费者的不同心理需求出发，说明能为消费者提供的好处。

图7-11所示为提供好处的电子商务软文示例，该软文对车厘子和挑选车厘子的方法做介绍，填补了有这方面困扰的消费者的知识盲区，有利于引起消费者关注。

图7-11 | 提供好处的电子商务软文

3. 激发好奇心

人类生来就具有对未知事物的好奇心，而好奇心也正是寻求答案的动机。在电子商务软文写作中，如果电子商务文案人员善于利用消费者的好奇心，就可以快速引起消费者的注意，提高消费者对软文的关注度，增加软文浏览量。

例如，某推广草原露营服务的软文《专题活动｜"草原露营"是一种怎样的体验？》就利用草原露营的体验来吸引消费者的关注，并介绍了能观赏到花海、琥珀、银河、星空、云海等美景的不同地点，以吸引消费者购买服务。

4. 善于运用新闻惯用词汇

在软文的写作过程中，要善于运用新闻惯用的一些词汇，来增强正文的"新闻性"，减少广告的痕迹，降低消费者对广告的警惕性。新闻词汇是指新闻媒体向消费者传播（报道）最新发生的具有新闻价值的信息时所用的词汇，具有客观、确切、简练、朴实、通俗等特点。在软文中使用符合新闻报道要求、体现新闻特性的词汇，就可以降低软文的广告性质。软文写作中可使用的新闻词汇有以下3种类型。

- **时间、地点词汇**｜如"近日""昨天""正当××的时候""××月××日""在我市""××商场""家住××街的××"等，这些时间及地点词汇可以引导消费者产生与该时间、地点的相关联想，加深印象。
- **新闻源由词汇**｜如"据了解""据说""据调查""笔者了解到""在采访中了解到"等，这些词汇能让消费者相信信息是真实的、有据可查的。
- **身份词汇**｜如"我""记者""笔者""笔者亲眼所见"等，这些词汇会让消费

者在潜意识上把自己和作者联系在一起，在阅读软文时，会站在作者的角度思　**211**
考，所以更容易相信软文中的内容。

7.3.3　用情感打动消费者

　　情感是一种充满感染力的要素，是消费者的精神所需，充满情感的软文很容易触动消费者。因此，软文写作可以从亲情、友情、爱情、师生情等情感出发，这样可以增强消费者的代入感，引导消费者采取某种行为。

　　图 7-12 所示为用情感打动消费者的电子商务软文，其立足于爱情，讲述了一个男生想要向女友求婚的故事。该故事详细描述了双方的相识、相恋以及男生失败的求婚计划，最后借助女友求婚时双方定情信物——布丁的出现，自然而然引出推广的商品，即某购物 App。该软文以求婚故事和"恋爱"元素吸引消费者，让消费者在温馨和趣味中自然地接受植入的广告。

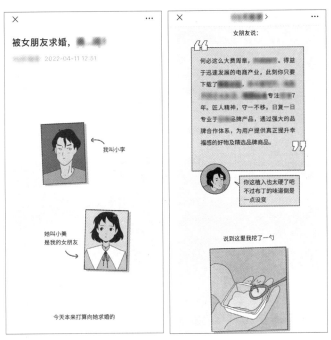

图7-12 | 用情感打动消费者的电子商务软文

7.3.4　语言通俗

　　语言通俗是电子商务软文的基本要求。与其将文案写得专业性十足，让消费者看不懂，还不如将文案写得简单通俗一些，让每个消费者都能看明白。在众多电子商务软文中，越是平实的文字，其宣传效果越好。语言通俗的电子商务软文有以下 3 个特点。

　　（1）语言表达规范，无语法错误。

212

（2）语言描述准确，无歧义或不会引发误解。

（3）符合语言表达习惯，没有生造词，也没有生僻或过于专业化的词语。

7.3.5 体现价值

一篇好的电子商务软文要能使消费者感受到价值，所以电子商务文案人员在撰写电子商务软文时要从满足消费者需求的角度出发，要在文中体现出商品的功能价值和品牌价值。一般来说，消费者购买某个商品多是为了满足生活、工作、学习等方面的某项需求，电子商务文案人员应尽量突出商品最具优势的价值。

例如，某篇电子商务软文贴合当时油价上涨的事实，介绍了开车省油的方法，以及汽车行驶的相关知识，让消费者获得了知识价值，软文最后则推广了某越野设计大赛，并着重说明了大赛奖金，体现了本次推广对象的价值，如图7-13所示。这样展示双重价值的电子商务软文，一般能被消费者接受。

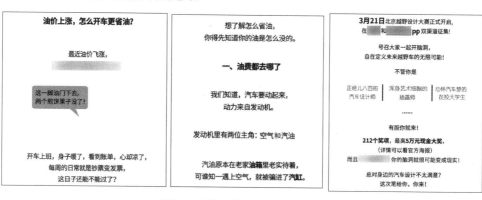

图7-13 | 体现价值的电子商务软文

7.4 电子商务软文写作的注意事项

电子商务文案人员的工作能力与职业素养影响着文案质量。一个优秀的电子商务文案人员不仅可以写出成功的文案，引起消费者的共鸣，还能配合其他部门的工作推广与宣传商品或服务。

7.4.1 内容要真实且有价值

电子商务软文虽然与新闻不同，但也必须在真实性上下功夫，尤其是对商品或服务的描述部分，必须实事求是，不能虚假宣传。如果消费者在阅读完软文后对内容的真实性产生怀疑，就会对介绍的商品产生怀疑。

软文要吸引消费者，单靠标题是不够的，"标题党"可能会吸引消费者，但无法提高转化率。所以，文案内容必须有价值，要让大多数消费者看完觉得有用。软文的作用是在消费者心中建立某方面的"权威"形象，因此，有价值的文案内容可以是技巧干货（比较重要或者比较实用的知识、方法、技能等），也可以是热门事件，甚至是生活常识等，重要的是让消费者觉得内容是有价值的，推荐的商品或服务是高品质的。

图 7-14 所示为一篇以端午出游为主题的电子商务软文，文中详细介绍了 15 个适合端午出游的景点，并搭配了团队拍摄的真实美景图片，内容真实且有价值，不自觉地就让人信任其推荐的旅行路线，产生收藏、分享，甚至跟团旅行的想法。

松坪沟墨海

图7-14 | 以端午出游为主题的电子商务软文

7.4.2 根据投放平台调整语言风格

不同软文投放平台对应的语言风格不同。如果投放的平台是问答类论坛，语言就要有条理；如果投放的平台是生活分享或社交媒体平台，语言就要偏口语化；如果投放的平台是企业官网、行业性的网站或论坛等，则语言的专业性应较强。

图 7-15 所示分别为某问答类平台和内容分享平台的电子商务软文，可以看出前者较专业、严肃，而后者则较活泼、平易近人。

214

排行榜主要代表的是大众认可度，国内以███████为主，性价比较高，高端品牌还有██████系列。

国外以███████为主，████████████，当然价格普遍要高一些，████████还是要根据自身需求。

一、家用冰箱选购建议

我会从以下几个方面分析大家在选购冰箱时需要考虑的问题，████████。

1.个人/家庭情况

先明确冰箱的使用对象，如果是一个人在外租房住，肯定要选择一款性价比高的，小一点方便挪动的，最好耗电量也要少一些。

如果是全家一起用，食材比较多，保鲜效果一定要到位，还要考虑████████等功能。

████████████████ 如果大多数时候只是冷藏██水果██████，那么多余的功能就可以不考虑了。

除此之外，████████████████，考虑到██合理性，冰箱的摆放位置，**厨房**>**餐厅**>**客厅**。

终于买到心仪的杯子啦～

██████保温杯，真的要夸😎
买了很多杯子，这个最喜欢，为什么呢？
1.款式美丽：██████ 它的白色是米乳白，不会很白████
2.价格美丽：是在淘宝██直播间购买的，非常划算
3.使用多样：可以开盖直饮，也可以做咖啡，也可以做吸管杯，并且吸管可以拆卸开来洗，第一次见这种设计，不用吸管的时候套在杯盖上就行了，太方便了
4.保温保冷：6小时保温保冷，对我来说够用了
5.携带方便：送一个手提带子，出门携带挂手上就可以，并且不会漏水哦
真的好喜欢，买的是350ml，没有买大容量的，因为觉得这个小容量的可爱████

图7-15 | 不同平台的电子商务软文

专家指导

针对不同的投放平台，软文的类型应不一样：在普通论坛、微博、微信等平台，娱乐型的软文更受欢迎；而在门户网站、专业资讯媒体平台，新闻类、行业类的软文更受欢迎。所以在撰写软文时要确定投放平台及内容主题，然后再选择对应的语言风格和软文类型进行写作。

7.4.3 搭配推广活动

在推广电子商务软文时，可以搭配其他推广活动，尤其是在商品上新等环节，以充分引起消费者对商品的关注，并推动品牌的传播。

例如，某香水品牌在发布了介绍新品设计开发的推广软文之后，还在微博发布了新品推广活动文案，号召消费者在网上发布新品使用感受，这有利于促进新品的多平台推广，促进商品销售。图7-16所示分别为该香水品牌在微博和微信中发布的推广文案。

图7-16 | 在微博和微信中发布的推广文案

7.4.4 把握植入广告的时机

电子商务软文与硬广告不同，在电子商务软文中植入广告不能太明显、太刻意，否则会让消费者厌烦，严重影响营销效果。电子商务软文的第一目标是在不引起消费者反感的前提下推广商品或提升品牌的知名度，所以要特别注意植入广告的时机。以下几种植入广告方式可以起到潜移默化的作用。

- **故事情节中植入** | 电子商务软文有不少是故事型软文，因此，借故事来引出商品或用故事来表达商品（如品牌故事）都是合情合理的，如在情感故事类软文中植入婚纱摄影品牌等。

- **热点植入** | 热点植入指借助人们对热点的关注而植入广告，这要求电子商务文案人员有敏锐捕捉热点的能力。

- **体验式植入** | 许多人在分享日常生活时可能会提及某些商品，因此电子商务文案人员也可以以这种分享式的写法来提及商品，完成广告植入。

- **案例中植入** | 在举例时可以植入广告，尤其是在针对某个论点举例时，这种写法隐蔽性强，常用于科普类、教程类文章。

- **结尾植入** | 在软文结尾添加广告信息既不会影响文案的观赏性和消费者的阅读体验，又可以让广告更加醒目。要注意精简广告信息。

- **文前或文末做版权标注** | 电子商务文案人员可以根据潜在消费者需求，撰写原创文案。这种写法要求电子商务文案人员不在内文植入商品广告，只在文前或文末加入版权信息，对内容感兴趣的潜在消费者会根据版权信息查找到所推商品品牌，这种方法主要针对潜在消费者。例如，推广某售车网站时，写作一篇如何选耗油少的车的知识科普文章，只在文末标注出处，也能起到推广该网站的作用，有兴趣的消费者会搜索并了解该网站。当然，这种文案内容要优质，才能引起消费者的阅读兴趣。

7.4.5 规避违规和敏感问题

软文是网络时代的营销利器，但同时也是一把双刃剑。在实际操作中，有些电子商务软文往往处于灰色地带，让人不知道其是新闻报道、小道消息，还是单纯的广告。有些软文内容的真实性存疑，甚至因各种原因被投诉。因此，电子商务文案人员在写作电子商务软文时尤其要注意避免违规和敏感问题，以规避风险。

1. 避免违规

在广告宣传中，需要注意的是不能违反法律规定。软文本质上是一种广告，因此电子商务文案人员需要了解《中华人民共和国广告法》《广告管理条例》《中华人民共和国消费者权益保护法》《互联网广告管理暂行办法》《中华人民共和国民法典》等，避免违反

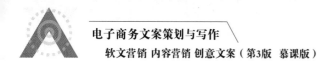

216 法律相关规定。

（1）侵害名誉权风险。

《中华人民共和国民法典》第一千零二十四条规定："民事主体享有名誉权。任何组织或者个人不得以侮辱、诽谤等方式侵害他人的名誉权。"其中，侮辱指用语言（包括书面和口头）或行动，公然损害他人人格、毁坏他人名誉的行为，如用大字报、小字报、漫画或使用下流、肮脏的语言等辱骂、嘲讽他人，使他人的心灵蒙受耻辱等。诽谤指捏造并散布某些虚假的事实，破坏他人名誉的行为，如毫无根据或捕风捉影地捏造他人作风不好，并四处张扬、损坏他人名誉，使他人精神受到很大打击。

如果电子商务文案人员在软文中污蔑竞争对手商品质量差或生产工艺过程不合规，意图用不正当的方式抬高自己、贬低对方，则侵害了对方的名誉权。对于名誉权风险的防范，电子商务文案人员在软文营销中必须重视以下3点。

① 使用他人姓名或者射影他人的软文如有侮辱、诽谤情况，则有可能侵权。在软文营销中使用他人真实姓名，或者虽未写明人物的真实姓名，但对人物特征的描写有明显的指向性，或者射影他人，内容存在侮辱、诽谤情节，致其名誉受到损害的，作者和传播机构均可能构成对他人名誉权的侵害。

② 内部资料也有可能侵权。机关、社会团体、学术机构、事业单位分发本单位、本系统或者其他一定范围内的内部刊物和内部资料，所载内容引起名誉权纠纷的，人民法院应当受理。

③ 对商品质量、服务质量的批评和评论不构成侵权。消费者对生产者、经营者、销售者的商品质量或者服务质量进行批评、评论，不应当认定为侵害他人名誉权。但借机诽谤、诋毁，损害其名誉的，应当认定为侵害名誉权。如果评论仅仅是用语不当或遣词造句不确切，且无故意或过失侮辱他人人格的内容和用语时，不能确认为侵害他人名誉权。

（2）侵害肖像权风险。

《中华人民共和国民法典》第一千零一十八条规定："自然人享有肖像权，有权依法制作、使用、公开或者许可他人使用自己的肖像。肖像是通过影像、雕塑、绘画等方式在一定载体上所反映的特定自然人可以被识别的外部形象。"侵犯肖像权是指未经他人同意，而使用他人的肖像，并且使用者在主观上希望通过对他人的肖像的使用获得经济利益。

软文营销中，很容易因配图误使用肖像而侵权，因此，除了法律规定的可使用他人肖像的情况外，建议软文中的配图不要使用肖像。即便使用肖像，也要获得他人的同意或授权，且软文要有利于维护肖像权人的良好社会形象。另外，美容、整形等行业开展软文营销时，较常使用艺人照片作为配图，此时一定要防范侵害肖像权风险，避免引起诉讼纠纷。

（3）侵害著作权风险。

著作权俗称版权，是指作者对其创作的文学、艺术和科学技术作品所享有的专有权利。著作权风险就是在软文营销中，因为侵害他人的著作权而受到法律惩罚的风险。

伪原创软文较容易产生著作权风险。为防范侵害著作权风险，电子商务文案人员要注意以下两点。

- **使用原创或经授权的作品**｜在软文中使用他人文字、摄影作品时，应尽量使用已签订供稿、供图协议的作品，或他人已经明示授权使用的作品，尽量不转载网上来源不明的作品。有条件的企业或软文营销团队，可以建立自己的图片库或资料库，上传本团队成员的文字或图片作品，在编辑软文时尽量使用原创作品。

- **注明联系方式以避免诉讼**｜《中华人民共和国著作权法》规定一些时事性新闻可以无偿转用，作者明确不得刊登的除外。若确有必要转载无法确定作者是否允许转载的作品，可以在文章后注明联系方式。

（4）不正当竞争风险。

不正当竞争行为指经营者在生产经营活动中，违反《中华人民共和国反不正当竞争法》规定，扰乱市场竞争秩序，损害其他经营者或者消费者的合法权益的行为，包括一些违反诚信、公平、自愿原则的行为。

例如，擅自使用与他人有一定影响的商品名称、包装、装潢等相同或者近似的标志等，以及其他足以引人误认为是他人商品或者与他人存在特定联系的混淆行为；采用财物或者其他手段贿赂交易相对方的工作人员、受交易相对方委托办理相关事务的单位或者个人、利用职权或者影响力影响交易的单位或者个人等，以谋取交易机会或者竞争优势；侵犯商业秘密，如以盗窃、贿赂、欺诈、胁迫或者其他不正当手段获取权利人的商业秘密，披露、使用或者允许他人使用以前项手段获取的权利人的商业秘密，违反保密义务或者违反权利人有关保守商业秘密的要求，披露、使用或者允许他人使用其所掌握的商业秘密；未经其他经营者同意，在其合法提供的网络商品或者服务中，插入链接、强制进行目标跳转。

为防范不正当竞争带来的违法违规风险，电子商务文案人员应正视竞争的公平性，不能随意、恶意、无端攻击他人；要遵循市场经济的要求，恪守公平、诚信原则，以自身优良的商品和优质的服务拓展市场，赢得消费者认可。开展软文营销时，电子商务文案人员要对商品做好市场定位，尽量避免在同一市场竞争，根据实际情况选择不同的商品和不同的市场，避免许多不应出现的恶性竞争，由此去撰写合乎法律规范的文案。

专家指导

　　商业秘密是指不为公众所知悉，具有商业价值并经权利人采取保密措施的技术信息和经营信息。有关不正当竞争行为的详细规定，电子商务文案人员可查找相关法律法规了解。

2. 避免触及敏感话题

有些软文为了追求流量和热度，会触及某些敏感话题，违背社会公序良俗、道德规范等。例如，在文案中设计一个不公平、不合理、不能让广大消费者接受的故事情景与结局，或者利用天灾人祸为品牌打广告，又或者输出观点，挑起对立等，这样的行为只会降低品牌的美誉度，招致消费者的反感，不利于品牌良好形象的塑造。

218 　　因此，电子商务文案人员在撰写软文时应注意文案合乎社会道德规范，不要挑战消费者的道德底线，避免造成恶劣影响。

素养园地

　　电子商务文案人员应充分树立法律意识，并培养良好的工作作风，不恶意竞争、违法宣传，或故意标新立异、哗众取宠，要树立公平公正的意识，依法进行广告宣传，培养良好的职业道德品质。

7.5 本章实训——写作一篇电子商务软文

实训背景

　　"全民阅读"活动是中共中央宣传部、中央文明办和新闻出版总署贯彻落实党的十六大关于建设学习型社会要求的一项重要举措，以推动社会形成"多读书、读好书"的阅读氛围，让更多的人热爱读书和写作，提高全民族的思想道德和文化素质。

　　为了推动更多人参与读书，同时促进图书的销售，许多出版社都会发布营销活动与推文。小文是某出版社的员工，近日，该社《×××经济学讲义》一书的作者在某情感栏目中担任嘉宾，该节目引起热议。于是出版社要求小文写作一篇推广该书的软文，并发布在微信公众号中，促进图书的销售。

1. 实训要求

（1）熟练掌握推广类电子商务软文的写法，保证写作的文案符合要求。

（2）写作时注意运用电子商务软文的写作技巧。

（3）结合电子商务软文写作的注意事项。

2. 实训准备

　　写作推广类软文时，要注意广告植入的方式。综合该书推广的故事背景（即作者在某情感栏目中担任嘉宾）、软文写作技巧和广告植入的时机等相关知识，确定选择借势的写作技巧，借作者在某情感栏目中担任嘉宾一事植入广告。写作时可以找到该书与情感栏目中所探讨话题相关的内容，巧用书中内容。当然，这要求小文了解作者在该情感栏目中的表现，并能从该书的内容中选择对写作有帮助的内容。例如，通过网络搜索作者名字和该情感栏目，发现话题与婚姻有关，因此可以选取书中有关婚恋的内容作为软文写作的参考资料。

3. 实训步骤

　　写作该软文的思路如下。

（1）借势技巧用于文案开头，借该情感栏目热播之势吸引消费者关注，然后引出作者。

（2）阐述作者关于婚恋的观点，引出商品。从书中选择有关婚恋的内容，整理出来 **219** 作为本文观点，如选择关于婚姻中的真爱、择偶观等内容，以此吸引消费者阅读。

（3）提供该商品的购买链接，让阅读完后有购买意向的消费者直接点击购买，完成软文撰写。

 巩固与练习

1. 选择题

（1）以下不属于电子商务软文分类的是（　　　　）。

    A. 推广类软文　　B. 品牌力软文　　C. 公众类软文　　D. 新闻类软文

（2）以下关于电子商务软文营销优势的说法中，错误的是（　　）。

    A. 电子商务软文广告意图隐蔽，更容易被消费者所接受

    B. 电子商务软文虽然成本高，但是传播效果好

    C. 电子商务软文传播形式多样，企业或品牌可以根据需要选择合适的推广策略、发布形式和信息内容等

    D. 电子商务软文容易形成口碑效应，传播效果好

（3）下面选项中，不属于电子商务软文写作要求的是（　　　　）。

    A. 定位精确　　B. 创意新颖　　C. 案例丰富　　D. 自然融入广告内容

（4）［多选］下列选项中，属于电子商务软文写作技巧的有（　　　　）。

    A. 借势　　　　　　　　　　B. 虚构情节

    C. 吸引消费者的注意力　　　D. 体现价值

2. 简答题

（1）谈谈写作电子商务软文时，可以使用哪些方法吸引消费者的注意力。

（2）简述电子商务软文写作的注意事项。

3. 材料题

随着深度学习的开放，人工智能得到了高速发展。目前，很多国家把发展人工智能作为提升国家竞争力、维护国家安全的重要战略。我国许多企业在布局人工智能领域，并将其投入工作场景之中，人工智能已在我国众多垂直领域实现应用。目前较为成熟的领域包括家居、金融、交通、医疗等，并开发出了许多有益于民生的商品，如智能音箱、智能空调、扫码支付、无人驾驶汽车、智能扫地机器人、智能客服等。其中，智能扫地机器人更是人们生活中的好伙伴，被众多家庭所需要。现若需要为智能扫地机器人写作营销软文，你会如何构思？请谈谈你的思路。